学校史に見る日本

足利学校・寺子屋・私塾から現代まで

五味文彦

みすず書房

目次

第二章　足利学校

第三章　学校の制度

第六章　改革の時代

第七章　西南雄藩の学校改革

第八章　文明と環境の学校

はじめに

最近、学校をめぐる環境が大きく変化してきた。三十年ほど前から校内暴力や学級崩壊が問題になり、私の出た小学校も廃校になったように、人口の減少とともに学校の統廃合が広がっている。この頃では学校での「いじめ」が問題になっているが、これは学校ばかりでなく、広く企業や役所でもおきている。

そして、今の新型コロナの流行から、ソーシャル・ディスタンスの確保、「三密」「会食」の回避が求められ、会社の業務のテレワークや学校でのオンライン授業が行なわれるようになっている。学校の在り方は時代とともに変化していることがよくわかる。そこでこれらの学校の現状を踏まえ、学校の歴史について見てゆくことにしよう。

これまで日本の学校の歴史を古代から記した研究は、ただ一つ石川謙『日本学校史の研究』（日本図書センター、一九七七年）があるだけで、以後、見当たらない。この本は戦前に学校がいかに研究されてきたのかを記し、上世・中世・近世と順を追い、学校に関し詳細に記している。さすがにこの道の第一人者であるだけに該博な知識に裏打ちされており、しかも大部でもあることから、これに代わる研究は生まれてこなかった。

だが、出版が一九七七年（昭和五十二年）ということもあるためか、近世までしか記されておらず、近世も昌平黌《しょうへいこう》や藩校が中心で、私塾や寺子屋（手習所）には研究史として触れるのみであり、中世の足利学校にも若干触れるに過ぎない。この点は石川松太郎『藩校と寺子屋』が補うが、戦後の研究で活発になった私塾について触れられておらず、私塾については海原徹『近世私塾の研究』に詳しい研究がある。

こうしたことを鑑み、古代から現代に至る学校の歴史を、時代の動きに沿って見てゆくことにしよう。興味深い事項や現代に直接につながる問題を取り上げるのは当然としても、それだけでなく学問や教育との関わりに注意し、しっかり丁寧に、わかり易く記してゆきたい。それによって現在のコロナ「社会」における学校の在り方や、学校の存在意義が見えてくるであろう。

本書で扱う藩校や塾、寺子屋などの語については、『礼記《らいき》』に「家に塾有り、党に庠《しょう》あり、術《すい》に序有り、国に学有り」とあって、その家は二十五戸、党は五百家、術は一万二千五百家からなるもので、それぞれの大きさの単位に基づいて、塾・庠・序・学などの学校が周代に存在し、これに基づいている。

したがって塾は最も小さな単位の学校であり、寺子屋もこの範疇に属すが、日本独自に手習を中心に生まれた手習所である。足利学校は校長が庠主と称されたように庠として設立され、序は、佐久間象山が教授になった信州松代藩の文武学校に西序と東序があり、藩校は「国に学有り」の国単位の学校で、岡山藩の藩校は「国学」と称された。なお藩の語は明治期に広く遣われるようになったもので、藩校という語は江戸期にはなかった。昌平黌の黌は校舎の意味である。

第一章　学校と教育の広がり

学校の始まり

学校は、中央集権国家の形成につとめた天武朝の天武天皇紀四年（六七五）正月条に「大学寮の諸の学生、陰陽寮」が薬や珍遺物を捧げたとあるのを初見とする。これ以前から置かれていたものとみられるが、その内容は明らかでなく、天智天皇紀十年（六七一）正月に百済から亡命した鬼室《きしつ》集斯《しゅうし》を学職頭《ふんやのつかさのかみ》に登用しており、当初は百済からの亡命者が任用された。

大学寮設立について『懐風藻《かいふう》』は「風をととのへ俗を化する、文よりたふときはなく、徳をほし身をかがやかす、学より先なるはなし」と、その意義を説いているが、新都造営に「国家ことしげく、百姓役多く」人は皆忙しく、「学を好まず、これによつて学校遅淩《ちりょう》」という有様であった（『藤原武智麻呂伝』）。

令制が整備されて大学寮の制度が明らかとなる。式部省の管轄下にあって、学生や釈奠《せきてん》のことを職務として大学頭・助・允・属《さかん》の四等官制をとった。教官は九人、学生は四百三十人からなり、学科は本科の儒学科（後の明経道）と数学科（後の算道）で、明経道に経博士・音博士が、算道に算博士がおかれ、神亀元年（七二四）に明法博士、同五年に文章《もんじょう》博士がおかれた。

大学入学者は五位以上の子や孫が中心で、十三歳から十六歳の聡令《そうれい》なものに限られ、入学が認められると、教科書を中国音による読みで習い、博士・助教の講義を聞く。教科書は明経道では『孝《こう》経《きょう》』『論語』が必須で、選択科目に『礼記』『春秋左氏伝《しゅんじゅうさしでん》』『毛詩』『周礼《しゅらい》』『儀礼《ぎらい》』『周易《しゅうえき》』『尚書』など、算道では『孫子算経』『五曹算経』などがある。十日に一度の旬試、年一度の歳試があって、応挙試（卒業試験）に及第すると、国家試験を受けて叙位・任官となった。

こうした制度であったから、大学は中下級官人の養成にとどまり、大学で学んでもそのまま官職に結びつかず、上級の貴族・官人が大学でどの程度、学んだものか明らかでない。大学で学んだことの明らかな人物が学問に優れて唐に留学した吉備真備《きびのまきび》であって、真備は蔭位によらずに大学を経て官途についたため、大学で学んでいたことがわかったのである。

真備は養老元年（七一七）に阿倍仲麻呂とともに唐に留学、仲麻呂が唐の太学に学んで科挙に合格、諸官を歴任したが、この太学の制度が日本に取り入れられたのである。真備の学識は唐でも知られ、帰朝すると大学助、東宮学士となって後の孝謙天皇の教育にあたり、東宮大夫にまで昇進し、大学や釈奠の制を整備した。多くの書籍を「二教院」に収めた。

文庫といえば、「経史を愛尚して渉覧する所多し。好んで文をつらね、草隷を工とす」と讃えられた文人公卿の石上宅嗣《いそのかみのやかつぐ》が、旧宅を寺院とし、その東南の隅に外典の院として「芸亭《うんてい》」を設け、好学の徒に開放し閲覧させた。

地方諸国には、令制に基づいて国学が置かれ、国司の管理下にあって教官の国博士が経書を講じ、国医師が医生に教授、教科書や教授法・試験・釈奠などは大学寮に準じた。学生は二十人から五十人ほどで、郡司など地方豪族の子弟が入学、定員に欠があると、庶人の子にも認められた。卒業生は大学に進学、または中央官吏に推挙された。八世紀には一部の国にしか置かれなかったが、九世紀になり畿内諸国では廃されたものの、他の国では存続した。

最澄の伝記『叡山大師伝』には、最澄が七歳の時に、その志は仏道を宗とし、近江の「村邑小学」を師範にしたとあり、地方の村には小さな学校があったことがわかる。これが寺子屋の源流といえよう。

嵯峨朝の学校と政治

桓武天皇は政治の刷新をはかり氏族制度の改革を行なったところから、大学寮の活性化を志した和気広世《わけのひろよ》は、大学寮の南辺の私宅を寄付し、和気氏の学生の自習と寄宿の便宜のための教育施設である弘文院を設立し、ここに儒学・仏教の書籍数千巻を収めていた。これもあって、大学出身者がしだいに活躍するようになり、それは嵯峨朝に本格化する。

嵯峨朝では実務に長けた有能な官僚が台頭したが、これには大学寮で学んだ学生が多く、議政官になる人物も現れた。弘仁二年（八一一）の公卿のメンバーを見てみよう。

右大臣	藤原内麻呂				
大納言	藤原園人		坂上田村麻呂		
中納言	藤原葛野麻呂				
参議	藤原縄主	大宰帥	菅野真道	常陸守
	文室綿麻呂	陸奥出羽安察使	藤原緒嗣	近江守・美作守
	吉備泉	武蔵守	巨勢野足	左中弁・備中守
	秋篠安人	左大弁・越後守	紀広浜	右大弁・大学頭・上野守
	藤原冬嗣	美作守	藤原雄友	
	藤原真夏	前備中守		

藤原内麻呂は延暦二十二年（八〇三）に『諸国交替式』の編纂にあたり、中納言の藤原葛野麻呂《かどのまろ》は律令の追加法である格、律令・格の施行細則である式を集めた『弘仁格式』の編纂に従事した。大納言の藤原園人《そのひと》は二十年にわたって備中・安芸などの国司を歴任、「良吏の称あり。百姓追慕、或いは祠を立つ」と称され、弘仁元年に出挙の利率の引き下げや、同二・三年には郡司制度を改める提案をして認められた。

公卿は喫緊の課題である国司制度の議論を盛んに行なっていたが、これだけでは大学で学んでいたかは明らかでない。ただ菅野真道《すがのまみち》は内記から東宮学士になっている官歴から見て、他の公卿も式の編纂に当たっていることから見て、大学寮で学んだ可能性が高い。真道が常陸守になるなど、参議のほとんどが国司になっているのも注目される。

吉備泉は吉備真備の子で、早くに「孔門の童子」として名をはせ、大学員外助となり、大学頭になっている。秋篠安人《あきしのやすひと》は少内記から大外記となり、『続日本紀』の撰定に関わり、『弘仁格式』の撰定にも関わった。紀広浜は大学頭になって『日本書紀』の講所に参加している。

藤原冬嗣は蔵人に任じられ、『弘仁格式』や『内裏式』の編纂に従事、『日本後紀』の編纂にあたったが、弘仁十二年に藤原氏の学問奨励のため勧学院を左京三条に建てた。この勧学院は藤原氏の長者が管理し、大納言や弁官が別当として管轄し、学生は入院名簿を提出、勧学院に寄宿し大学に通学した。

国司になるためには学問が必要とされ、山城守・阿波守・伊勢守になった長岑高名《ながみねのたかな》は、大学に入って二十一歳で文章生となり、弘仁十二年に式部少録になり、承和六年（八三九）に国司になっている。河内守・摂津守を歴任した和気真綱は若くして大学に学び、よく史伝を読み、文章生から出身した。

空海は、天長五年（八二八）に『綜芸種智院式幷序』を著し、寺に隣接する藤原三守《みもり》の私邸を譲り受けて、教育施設の「綜芸種智院」を開設した。これは延暦八年（七八九）、大学寮に入って明経道を学んだが、大学での勉学に飽き足らず、讃岐の曼荼羅寺（善通寺市）で山林修行に入って唐に渡ったという経験もあってのことであろう、

大学や国学が、貴族や郡司の子弟を対象にしていたのに対し、綜芸種智院は広く門戸を開いて儒教・仏教・道教など思想・学芸を網羅する総合的教育機関として、天皇や貴族、仏教諸宗の支持・協力のもとで運営される恒久存続を図る方針であった。承和十二年（八四五）に施設が売却され、実際にどう運営されたのか明らかでないが、寺院が教育の場となるのに大きな影響を与えた。

学校と文人による政治

文人政治家の多くが唐の文化の影響から漢詩を作った。弘仁五年（八一四）に勅撰漢詩集『凌雲集』が、文章は「経国の大業」（国家経営の大事業）という文学観に基づいて小野岑守《みねもり》によって編まれた。岑守は嵯峨天皇の侍読となり、式部大輔を経て弘仁十三年に参議になり、『内裏式』を編み、『日本後記』の編纂にも関わった。

弘仁九年には『凌雲集』成立から作詩が百余篇にもなったとして、藤原冬嗣・菅原清公《きよきみ》らの撰で『文華秀麗集』が編まれ、天長四年（八二七）に『経国集』が良岑安世《よしみねのやすよ》・菅原清公らによって編まれた。菅原清公は天皇から学資を支給され、幼少から経史に通じ、文章得業生を経て遣唐使として唐に入り、文章博士、嵯峨天皇の侍読になった。

だが、九世紀も半ばになると大きな変化が現れた。天長九年（八三二）の議政官の構成を、中納

言以上でみると、王一、藤原三、清原一、参議が南淵一、三原一、文室一、清原一、源一であるが、承和の変後の承和十一年（八四四）には、中納言が源二、橘一、藤原一、参議が源一、和気一、王一、藤原二、安倍一、橘一の構成で、藤原氏と嵯峨源氏が中心を占めるようになった。

上級官司を源氏や藤原氏に占められてゆくなか、学業や芸能に優れた氏族は、文章道では菅原・大江氏、明法道では讃岐・惟宗《これむね》氏、算道では家原《いえはら》・小槻氏、明経道では善道《よしみち》・紀氏、暦道では大春日氏などが諸道を世襲するようになる。

それもあって承和十四年（八四七）に、嵯峨院皇后の橘嘉智子《かちこ》と右大臣橘氏公は橘氏の学生のために右京に学館院を創立、大学の付属機関の大学別曹として康保元年（九六四）に公認された。藤原氏の勧学院は貞観十三年（八七一）頃に大学別曹として公認されており、元服以前の年少学生が幼学書『蒙求』を学んだことから、十二世紀に成った『宝物集《ほうぶつしゅう》』に「勧学院の雀、蒙求を囀る」と見える。菅原道真の『菅家文草』に『漢書』が勧学院で講義されていたとあるので、藤原氏は大学と勧学院の二つに学んで、政界に進出したのである。

元慶五年（八八一）に在原行平が王氏のために奨学院を創立すると、これも昌泰三年（九〇〇）に大学別曹と認められ、大学寮の南にあるので南曹と呼ばれ、源・平・大江・清原・中原などの王氏の学生は、ここに寄宿、大学に登校して授業を受け、各種の任官試験を受けた。

九世紀後半を代表する文人政治家、小野岑守の子の篁《たかむら》は、若い頃乗馬に専念して勉学に心を入れなかったことを、父が嘆いていることを聞き、奮起し文章生、東宮学士になって、承和の遣唐副使に選ばれたが、遣唐大使の所業に怒って病気と称し乗船せず、隠岐国に配流となるも、帰京を許され、参議になった。

大学寮や氏院は図の通り、大内裏の朱雀門を出てすぐの東に存在し、その南に左京職と弘文院、さらに南に奨学院と勧学院がある。それらの東に遊園の神泉苑があるのは、余暇に風景を楽しむことが考えられていたからであろう。

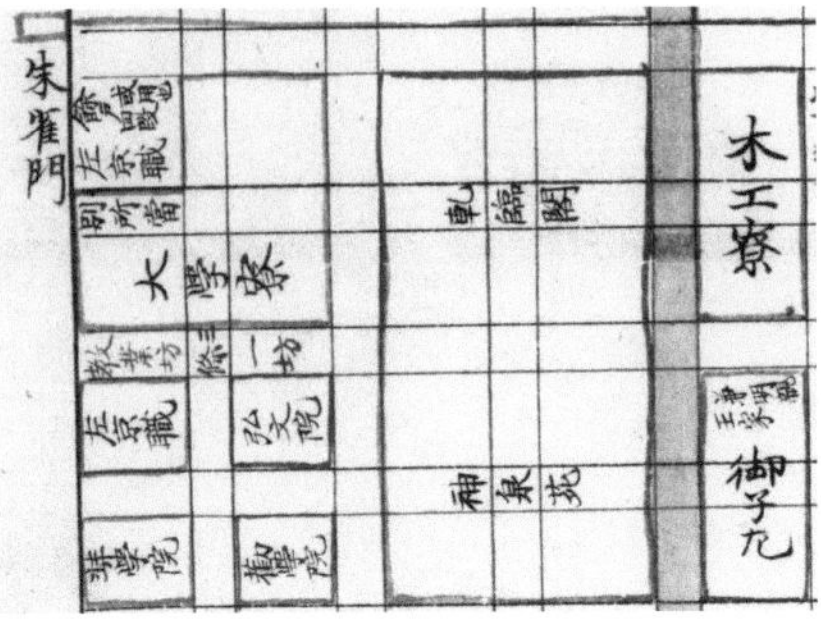

図1　大学寮や氏院
次頁図右中が本寮，右上が廟堂
『故実叢書』の「大内裏図考証」から

大学寮の内部は、江戸期の考証によれば、本寮とその北に孔子を祀る廟堂があり、その西側には南から北へ明法道院、算道院、明経道院、文章院が並ぶ。各建物の様式は本寮が政庁と南の東庁・西庁からなるのと同様で、それぞれの本堂は教場と自習室を兼ね、東舎と西舎が寄宿兼用に自習室となっていた。

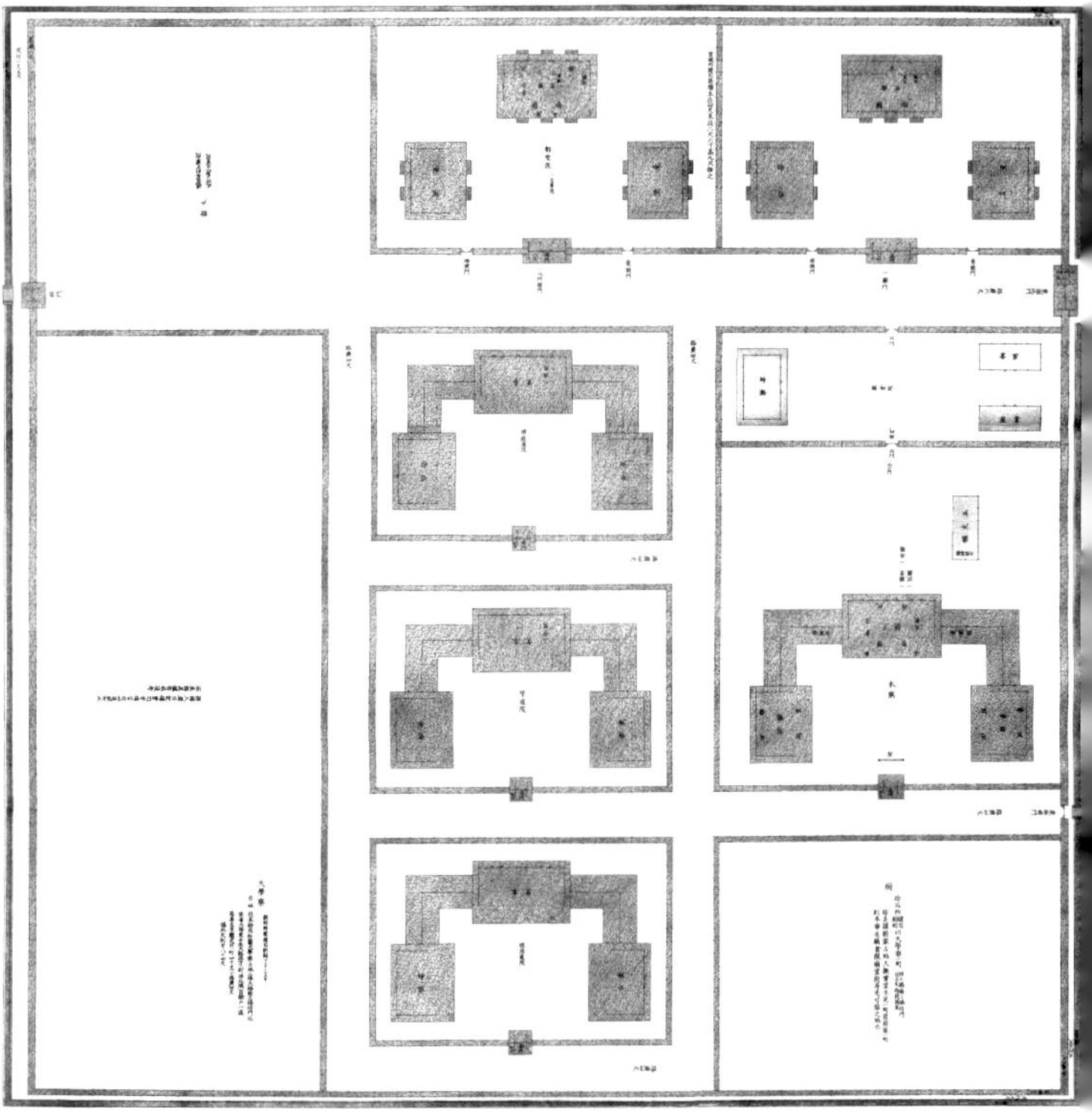

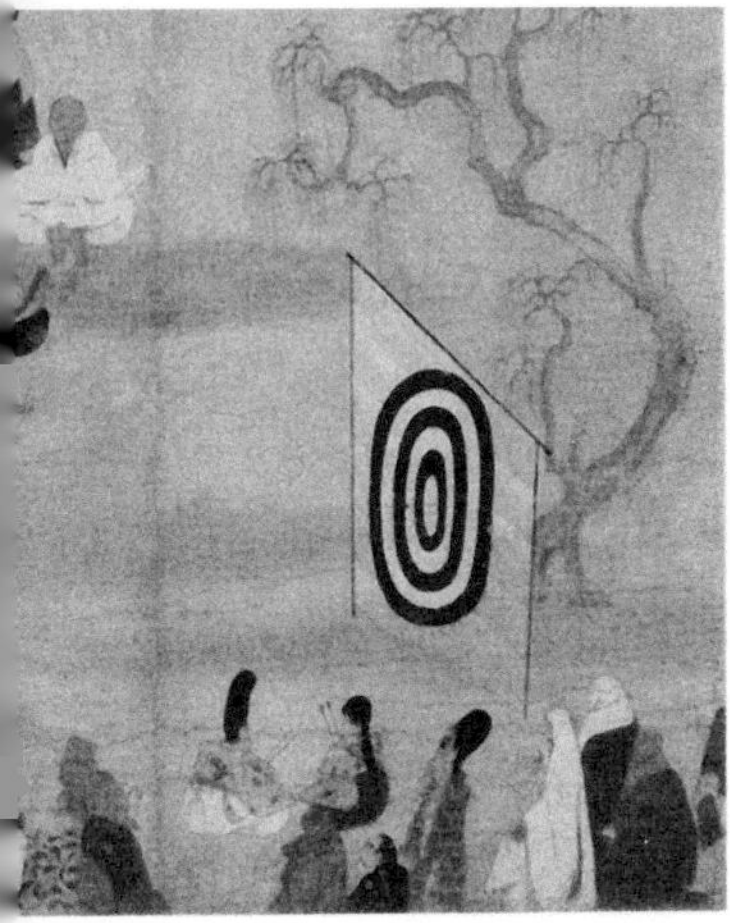

図2 『北野天神縁起』巻二の一段

文人政治家の衰退

学問を通じて政界に進出する文人政治家の活躍の場は少なくなってゆくなか、都良香《みやこのよしか》は貞観二年（八六〇）文章生となり、文章得業生を経て十二年（八七〇）少内記に任官、十五年に大内記、十七年文章博士を兼ね、『日本文徳天皇実録』の編纂に関わった。その良香邸に招かれた菅原道真が弓の芸を発揮した話が『北野天神縁起』巻二の一段に見える。

貞観十二年（八七〇）、勉学に勤しむ道真が都良香邸に招かれ弓の芸を試された話であって、その絵は良香が畳を敷いて坐り、左右に「弓遊び」の良香の「門生」（門人）が座し、多くの見物人がいるなか、的に向かって片肌脱ぎの道真が今まさに矢を射たんとしている。良香は門人に学問を教えていたのである。

道真は元慶元年（八七七）に式部少輔、文章博士を兼任し、父祖から私塾「菅家廊下」を受け継ぎ、

読者カード

みすず書房の本をご購入いただき，まことにありがとうございます．

書　名

書店名

・「みすず書房図書目録」最新版をご希望の方にお送りいたします．

（希望する／希望しない）

★ご希望の方は下の「ご住所」欄も必ず記入してください．

・新刊・イベントなどをご案内する「みすず書房ニュースレター」（Eメール）をご希望の方にお送りいたします．

（配信を希望する／希望しない）

★ご希望の方は下の「Eメール」欄も必ず記入してください．

（ふりがな） お名前　　　　様		〒
ご住所　都・道・府・県	市・郡 区	
電話　（　　　）		
Eメール		

ご記入いただいた個人情報は正当な目的のためにのみ使用いたします．

ありがとうございました．みすず書房ウェブサイト https://www.msz.co.jp では刊行書の詳細な書誌とともに，新刊，近刊，復刊，イベントなどさまざまなご案内を掲載しています．ぜひご利用ください．

郵便はがき

料金受取人払郵便

本郷局承認

4150

差出有効期間
2022年5月
31日まで

113-8790

東京都文京区
本郷2丁目20番7号

みすず書房営業部
行

通信欄

(ご意見・ご感想などお寄せください．小社ウェブサイトでご紹介させていただく場合がございます．あらかじめご了承ください．)

秀才・進士となった門人は、百人に及んでおり、私塾が生まれていた。その道真は仁和二年（八八六）に讃岐守になって任国に赴いて地方の実情を知り、都に帰って宇多天皇の信任を得て、寛平三年（八九一）に蔵人頭、左中弁、翌年には参議・左大弁となり、『類聚国史』を編纂し国内の歴史を整理した。

宇多天皇は道真ら文人政治家を起用して政治改革を試み、続く醍醐天皇の治世においても、道真は昌泰二年（八九九）に右大臣に昇進、右大将を兼任したが、その翌年、文章博士の三善清行らは、道真への宇多の寵が過ぎた、と忠告して辞職を進めるも、道真はこれに応じず同四年に誣告を受け、罪を得て大宰権帥に左遷されてしまう。

清行は下級官人の家に生れたが、研学の志を立て、文章博士の巨勢文雄《こせのふみお》に師事し、文章得業生を経て大内記、文章博士となり、辛酉革命説を唱え、辛酉の年には変事が起きているとして改元を提唱、これがいれられ延喜と改元された。道真左遷後、左大臣時平に「奉左丞相書」を送り、菅原一門の文章生や学生を放逐しないよう訴えた。

道真の失脚は、文人政治家の後退、「文章経国」の時代の終焉を意味し、政務は太政官筆頭の左大臣藤原時平が主導して、延喜二年(九〇二)に荘園整理令を発布、延喜七年には貨幣の改鋳と『延喜式』の編纂を行なうなど、次々と新政策を実施した。その下で延喜十四年(九一四)に式部大輔となった三善清行は「意見封事十二箇条」を朝廷に提出し、社会政策に関する意見を述べた。

文士と女房の古典文化

地方の国学が衰退するなか、承平・天慶の乱など諸国の「兵」の反乱がおき、それが収まった天慶九年(九四六)、朱雀天皇が譲位、弟の皇子が位に即いて村上天皇の親政が実現、一時期、摂関が置かれなくなるなか、宮廷制度は整えられて「天暦新制」が出され、格式の時代から新制の時代に入る(「天暦の治」)。

もはや議政官にいたる文人はいなくなり、大江維時・朝綱、菅原文時らの文人が、詩作を競い、文人で歌人の源順《したごう》は、醍醐の皇女の勤子《きんし》内親王の求めに応じて百科辞書の『倭名類聚抄』を著し、漢詩文制作の手引書『作文大体』も著し、後世に大きな影響をあたえた。

源為憲は諸国の受領を歴任するなか、天禄元年(九七〇)に諸般の知識を十九門に分類、節を付けて暗誦しやすい短文で『口遊《くちずさみ》』を編み、永観二年(九八四)には二品尊子内親王のために仏道の入門書『三宝絵詞』を撰進、仏・法・僧三宝を三巻に配してその功徳を語っている。この頃に書かれた『宇津保物語』には勧学院の記事があり、それによれば別曹には院庁と東・西曹司があって、生徒はその一室で文机を置いて自習し、食事もとっていたという。

文人の活動により古典文化は開花し、応和四年（九六四）三月に比叡山西麓で勧学会が開かれ、極楽を念ずる文人の慶滋保胤《よししげのやすたね》・藤原在国《ありくに》・高階積善《たかしなのもりよし》ら紀伝学生らと、延暦寺の僧が参加した。慶滋保胤は『池亭記』で都での住まい方について記し、『日本往生極楽記』で極楽に往生した人々の伝記を著した。

出世が不可能になった文人は、往生を念じるようになったが、漢詩文の文化は広まりをみせ、大江匡房《まさふさ》の『詩境記』は、「我朝は弘仁・承和に起こり、貞観・延喜に盛んとなり、承平・天慶に中興、長保・寛弘に再び昌んなり」と記し、一条朝に多くの漢詩人が出たと記している。

寛弘四年（一〇〇七）四月には大規模な宴と作文が行なわれ、文人以外に出席した公卿も、藤原道長・斉信《ただのぶ》・公任・行成、源俊賢らが詩を作っている。高階積善の『本朝麗草』は、一条天皇や藤原伊周《これちか》・道長・為時、大江以言《もちとき》、源為憲ら一条朝の詩人の作品を集めている。

文人の藤原明衡の著した『新猿楽記』は文士の理想像を描いている。紀伝・明法・明経・算道の学生は、『文選』『文集』『史記』『漢書』『論語』『孝経』など多くの書物を読破し、「詩賦」「詔」「宣旨」「宣命」「教書」「日記」など文章の上手で、「風月心、工《たく》み」であり、大江以言や大江匡衡《まさひら》・菅原文時・橘直幹《なおもと》らの文人と異ならず、得業・進士・秀才・成業・大業の者と肩を並べるという。

文人・歌人の多くは受領になって富を蓄え、娘や妻が女房として宮廷に仕えたことから、女性の教養が高まって、仮名による文学世界が開かれた。鎌倉期成立の『十訓抄』は、『枕草子』を書いた清少納言をはじめ、「源氏物語作れる紫式部、ならびに赤染衛門、和泉式部、小式部内侍、小大君、伊勢大輔、出羽弁、小弁、馬内侍、高内侍、江侍従、乙侍従、新宰相、兵衛内侍、中将などいひて、やさしき女房どもあまたありけり」と、多くの女房の名をあげている。

家の教育へ

十二世紀になると、天皇家をはじめ摂関家や貴族の家が形成され、その家や寺院が教育の中心になった。諸道でも博士家が生まれ、文章道では菅原・大江・藤原南家・藤原北家、明経道では中原・清原家、明法道では惟宗・小野・坂上・中原家、算道では小槻家・三善家が、それぞれ家の学問を継承した。そのうちの大江家の匡房は久しぶりに中納言になった文人政治家で、『続本朝往生伝』『江家次第』など多くの著作を残し、江家文庫を設けていた。

ただ多くの貴族は、父祖の家を継承するのに勉学に力を入れなくともよく、文字を読めず書けない公卿も現れた。藤原定家の祖父俊忠は、除目の聞書を書く役になり、「行衡」と書くべきところ、衡の字がわからず、ゆき構えに魚と書くのである、と伝えられて、雪《ゆき》に魚と書いたものの、おかしいとわかって墨で消してしまったという。

公卿にあってこの調子であったから、他の官人ではおして知るべしで、勉学に力を入れなくなり、

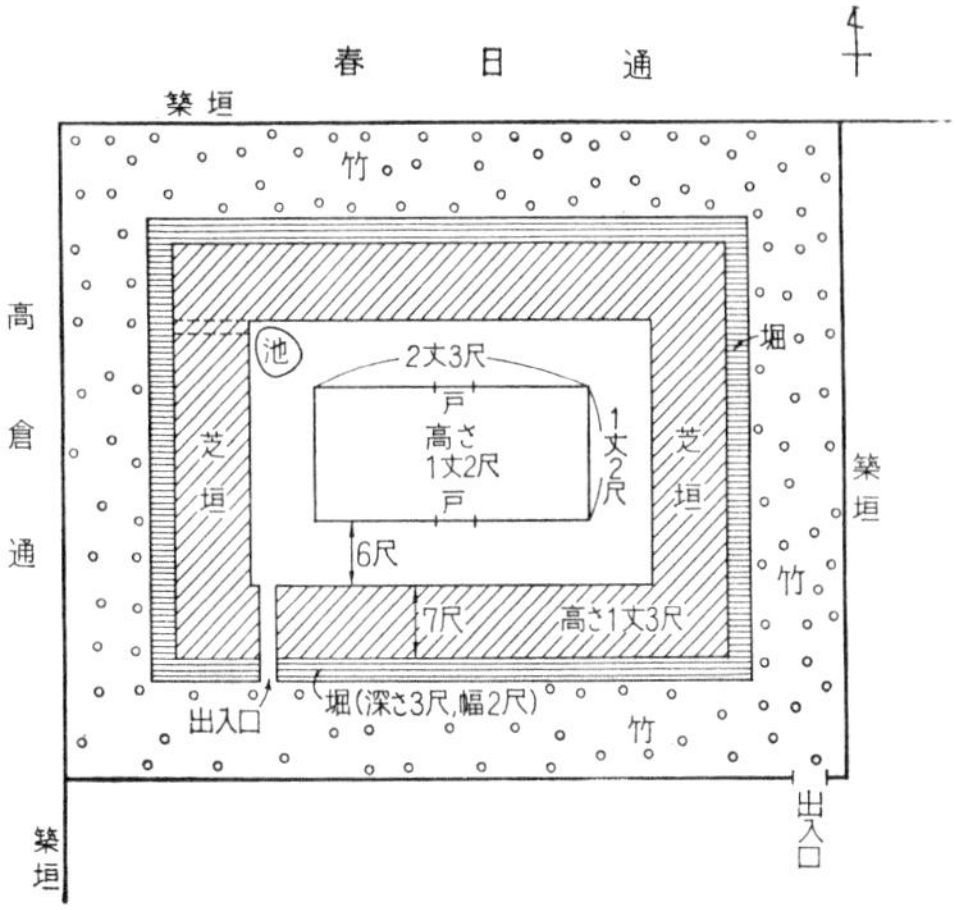

図 3　藤原頼長の文倉
橋本義彦『藤原頼長』56 頁

文人の学問も低下した。学問好きで、『愚管抄』に「日本第一の大学生、和漢の才に富み」と称された藤原頼長は、康治二年（一一四三）十二月に『礼記』を講じる講式を定め、初回の講師に藤原成佐《なりすけ》、問者に藤原俊通をあてている。

文倉を設けて儒学の研鑽に励むなか、家業として儒学を学んだだけの無才の文士を憎み、学問料を与える試験を復活し、及第者に学問料を与えたが、落ちた者には学問を続けるのをやめるよう伝えている。家学の固定や学派の学閥化が進んで、少数の博士家が教官職を独占し、すぐれた人材は大学寮から出なくなった。

私宅教授や私塾教育が進行し、治承元年（一一七七）の太郎焼亡によって大学寮が焼けて退転すると、教官・学生の名のみは残るが、単なる称号・身分にとどまった。勧学院は再建されたものの、衰退の一途をたどった。

家の形成は学問・教育の衰退を招き、それとともに文人の家で教育を受け、文学の面で力を発揮した女房の実力も低下、かつての女房文学は衰退し、女房は多数生まれた女院に仕え『源氏物語絵巻』などの絵巻を読み、眺め、過去の輝きに心を寄せた。

女子への教育の様子を描くのが『信貴山縁起絵巻』の巻頭の飛倉の巻である。受戒して信貴山で修行を積んだ命蓮が「下衆人とていみじき徳人」に托鉢用の鉄鉢を飛ばしたところ、長者の家中で娘が僧から手習を受けている図がある。女子教育は家に僧を招いて行なわれていた。男子も同じで、多くは乳母《めのと》の家で教育され、子弟が多い貴族の場合は、寺に入室させ、教育を受けさせることが多かった。童は僧のもとで学び、僧の身の回りの世話をし、法会の座にも連なって僧の存在を荘厳した。成長した童はそのまま僧となるか、俗界に戻った。

そうした家での教育のテキストとして編まれたのが、五字一句、九十六句で、智と財を対比させ、智が無限の価値を有することを説く『実語教』や、日常生活の行儀作法や格言などを五字一句、二百三十句で記す『童子教』であって、これらは後に寺子屋のテキストになった。

鎌倉政権を築いた源頼朝は、保元三年（一一五八）の十二歳の時に蔵人になるが、これはその勉学が認められたからでもあって、殿上で天皇に仕え、信西の子俊憲《としのり》が蔵人頭として実務に精励していたのを近くで見ていたであろう。俊憲は勧学院の学問料を得て文章得業生、東宮学士となり、蔵人の故実を記す『貫首秘抄』や『新任弁官抄』を著した学者官僚であった。

図4 『信貴山縁起絵巻』巻頭の飛倉の巻
国会図書館デジタルコレクション

その俊憲が平治の乱で退けられ、頼朝も伊豆に配流となるが、頼朝は伊豆においても、上洛した東国武士がもたらした書物などを読むなど、勉学を怠らなかったと見られ、それもあって治承四年（一一八〇）の挙兵時、伊豆の目代の山木兼隆を滅ぼすと、「関東の事、施行の始め」として住民等を安堵する下文《くだしぶみ》を発給した。その後も東国の武士や住民が安心して生活する安堵の政策を基本に据え、朝廷に徳政を求めるなど徳政政策を掲げていった。

鎌倉と京の学問

頼朝はその学識をいかし、朝廷と折衝し多くの権限を与えられるとともに、京下りの官人を要職につけて幕府機構を構築していった。それとともに武士が政治に関わるようになると、その教養を身につけるための教育も行なわれた。朝廷で外記の大江広元は、鎌倉に下って政所を経営するなか、その子は箱根権現の童となり、鎌倉の鶴岡八幡の放生会に舞童として招かれている。箱根権現は武士の子弟の教育機関でもあって、『真名本曾我物語』は曾我兄弟の弟五郎が箱根権現の童となっていたと記す。

頼朝の政策を継承したのが子の実朝で、建仁四年（一二〇四）に京下りの源仲章《なかあきら》を侍読に「御読書始」を行ない、『蒙求』から人物を選んで仮名によってその事績を説明し和歌を添えた『蒙求和歌』を源光行から献呈され、博士家の菅原長守の子為長から唐の太宗と臣下との問答書『貞観政要』の仮名文を献呈された。

これらは母政子による取り計らいによるものであったが、実朝はこれによく応え、徳政政策、とくに撫民政策を推進し、建暦二年（一二一二）に御所の北面三間所に近習の壮士たちを詰めさせて「古物語」を語らせ、翌年には学問所を設け、「芸能の輩」「和漢の古事」を、番を組んで語らせた。

この学問所であるが、京の仁和寺の無量寿院に天養元年（一一四四）学問所があったことが知られているので、これにならったものであろう。東大寺でも建保三年（一二一五）に学問所があり、承久の乱後の安貞年間に、明恵は仏光山禅堂院の学問所の一室を「伝法の道場」として設けた。寛喜二年（一二三〇）に天台座主良快は吉水禅房に学問所を設け、翌年には高野山宝寿院にも学問所のあったことが見える。

承久の乱で上洛して明恵と会った北条泰時は、頼朝から愛され、実朝に仕えていて、都での学問を知り学んだ後、幕府政治を評定衆の合議で行なう執権政治を展開、その政治指針となる武家の法典『御成敗式目』を定めた。これに応じて有力御家人の教養もたかまった。

なかでも足利氏は宝治三年（一二四九）正月の講書始に『大日経疏』『周易』を使用している（鑁阿寺文書）。『大日経疏』は鑁阿寺本尊の大日如来に関わる経典であり、『周易』は世界認識に関わる書物であって、足利氏は源氏による政権を構想していたと見られる。

泰時の孫時頼は、宗尊親王を将軍として京から迎え、蘭渓道隆を開山に建長寺を建立している。将軍の鎌倉下向にともなって、飛鳥井・難波など和歌・蹴鞠の家の人々などが鎌倉に下り、関東伺候の廷臣が形成され、将軍家は武家宮廷の体をなした。

建長寺創建にともなって、禅宗が広まり、大陸との往来が活発になったことから、多くの唐物が流入したが、北条氏一門の金沢実時は、将軍廷臣の清原教隆から『群書治要』を伝授され、称名寺を律院となし、金沢の邸宅内に文庫（金沢文庫）を設立、蒐集した政治・歴史・文学・仏教など幅広い書籍を収めた。その書物のなかには儒学に関わる唐物も多かった。

京では仁和寺の守覚法親王の著作に仮託された『右記』が書かれており、それには入室した童の教育が記されている。毎日、早起きして手水を使い、鎮守の氏神を拝み、般若心経・寿命経・法華経普門品などの読誦を日課とすること、読書・習字・詩文・和歌を学習すること、管弦・音曲はよくしても囲碁などの遊芸はほどほどにせよ、師匠によく仕え、一生の計は若い時にあり、その時に学ばないと老いて誤ることになるなど、生活の心得や躾についても記す。

院御所には学問所が置かれ、後宇多天皇は万里小路《までのこうじ》殿で弘安三年（一二八〇）に読書や習字の稽古をし、詩歌や連句・連歌の会を開いた。文保三年（一三一九）に花園院は量仁《かずひと》親王のために学問所を設け、習字の師に菅原在兼、素読の師に同家高を招くと、やがて学者に番を組んで学問所に詰めさせた。以後、学問所は常設されていった。

藤原氏の勧学院が弘安四年（一二八一）頃に衰退するなか、高野山では同年に金剛三昧院に勧学院が創設され、真言宗の事相・教相を学ばせる談義所が設けられ、意味や筋目を談じ論じ合うものとした。二十年後に談義の心得や礼儀についても定め、建武元年（一三三四）には談義の資格を定め、武人の入院を許さないとしている。

勧学院は弘安七年に興福寺、正和元年（一三一二）に園城寺、元徳二年（一三三〇）に東寺、さらに東大寺や鎌倉の円覚寺や極楽寺にも設けられ、比較的少数の学僧の教育にあたった。

第二章　足利学校

室町期の学問

鎌倉公方の足利基氏に招かれて鎌倉に下った義堂周信は、円覚寺に入り、基氏とその子氏満、関東管領の上杉朝房・能憲らに禅のみならず儒学を教授した。義堂は夢窓疎石の弟子で、入元していた龍山徳見のもとで儒学を学んだ。

宋では儒者が禅を学び、禅宗を広める手段として、宋学と禅宗を併せて学んで禅を理解させる「興禅の方便」の姿勢がとられていた。そのため義堂も僧俗に講義をし、門下の禅僧には仏典を講義し、俗人に向けては『孟子』『中庸』などの儒典を講義、理解が進むと仏典を講義した。

ところが義堂の弟子二人が常陸の資中という僧のもとで儒書を学んでいると聞くや、同じ夢窓の弟子の月山周枢を通じ、これの停止を常陸守護の佐竹義宣に要請した。義堂は弟子が儒学を学ぶのをよしとしていなかったが、月山は佐竹貞義の子で、常陸太田の勝楽寺正法院を禅院に改めた正宗寺二世であり、義堂とは別に常陸の正宗寺を中心として禅寺では儒学が講じられていた。義堂は康暦二年（一三八〇）に足利義満の命で上洛すると、義満や斯波義将にも『孟子』や『中庸』などの儒典を講義した（『空華日用工夫集』）。

この頃に編まれたのが後々まで寺子屋のテキストの定番となる往復書簡集『庭訓往来』であって、広く様々な知識・情報を記している。たとえば武士の「御館」について「四方に大堀を構へ、その内に築地を用意すべし」と、堀を廻らして築地で館を囲み、門を構え、「寝殿は厚萱葺《かやぶき》、板庇、廊中門・渡殿は裏板葺、侍・御厩・会所・囲炉裏間、学文所（学問所）、公文所、政所」などを設けると記し、周囲の造作について細かく指示している。

応永二年（一三九五）、薩摩の島津元久の子で、福昌寺三世の仲翁守邦禅師が「学校」に入って経史を学び、応永十一年に足利荘今福郷で「礼記集説」を著録している（『仲翁和尚行状記』『経籍訪古志』）。既に応永二年には学校が創設され、薩摩からも来学していたことが知られる、

応永三十年（一四二三）八月に「学校省行堂日用憲章」という禅院での病舎「省行堂」憲章（入院心得）五箇条が定められ、この規則に反したものは「堂主」が学徒との協議に基づいて、学校への出入りを禁止するとしている。病舎まで造られていたのである。

関東管領の上杉憲実は、関東公方の足利持氏を攻め、自刃させた永享十一年（一四三九）に漢籍を足利学校に寄進し、庠主に鎌倉円覚寺の快元《かいげん》を当て、これにより学校の基礎が築かれた。

足利学校の創設

足利学校はそれ以前から存在したが、いつ創設されたのか。史料に見える応永二年以前、それも遠くは薩摩の僧が訪れ学んでいるので、少なくとも十年以上は前のことである。上杉憲実が足利学校を再興した事情や、足利に学校を設けた点などを手掛かりとすると、康暦元年（一三七九）に関東公方足利氏満が将軍になろうと出陣するのを、関東管領の上杉憲春が諫めるべく「御謀叛叶まじき」の書を記し、持仏堂に入って自害した事件が、参考になる。

その事件をうけて管領になった憲実の祖父上杉憲方が、武士には学問が必要と考えて創設したものであろうか。ただ江戸期に編まれた『鑁阿寺日記』貞和五年（一三四九）条には、鎌倉公方の足利基氏の時に「学校興隆す」と記されており、既に足利学校は興隆していたという。詳しい内容が明らかでなく、真偽の程は不明だが、記事を信じるとすれば創設は鎌倉期になる。そうであれば、注目したいのが上杉氏の祖上杉重房が宗尊親王に随行した廷臣で、娘が足利頼氏との間に家時を儲けている事実である。

金沢氏が宗尊親王廷臣から学問を学んだように、足利氏も重房に学問を学び、学校創設を勧められて、創設に至ったのであろうか。鎌倉の明月院所蔵の「上杉重房像」は学校に置かれ、尊崇されていたことも考えられる。以上はあくまでも推測である。

学校が所在する足利荘には足利氏の館跡に鑁阿寺があり、廟所の樺崎寺があって、幕府の直轄地（御料所）とされていたが、足利持氏が永享三年（一四三一）以前から押領していたため、管領の上杉憲実と幕府が協議の末に和解に至り、その翌年、憲実が幕府の代官となって、足利学校の衰微を知り、再興を考えるところになったのであろう。

憲実は永享十一年（一四三九）に足利学校に五経『尚書』『毛詩』『礼記』『春秋左氏伝』『周易』の宋刊本を寄せたが、今、足利学校には憲実寄進の『尚書正義』『附釈音毛詩註疏』『礼記正義』『附釈音春秋左伝註疏』と、子の憲忠寄進の『周易註疏』が伝わり、教育は宋学が中心であった。

現存本には「足利学校之公用」とあって、「学校」の外に持ち出すのを禁じ、一冊ずつ閲覧のこと、引き継ぎ点検すること、書き込み、切り抜きを禁じるなど、閲覧・保存の規定が設けられていた。憲実は『孔子観欹器図』『唐書』も寄せ、経済的基盤に学田（学領）も寄進、憲忠の子憲房も『後漢書』『孔子家語句解』を寄進している。

庠主になった快元は、円覚寺で喜禅から易を学び、『春秋』を学ぶため入明を試みたこともあったが断念し、学校では易学を主に教授したとみられる。『周易』は大学寮でも使用された。京都の博士家の学問では形式的解釈にとどまっていたが、関東では自由な解釈が可能で、時代の趨勢や軍事を知る上で必要とされたのであろう。

この頃の京都での教育を記すのが、朝鮮の宋希《そうき》璟《けい》の『老松堂日本行録』で、男子二十歳以下の学習は寺で行なうとあり、朝廷に仕える中原安富の日記『安富記』には、向かいの住人から、子供にせがまれたので『童子教』を貸して欲しいと頼まれたと見える。

足利学校の発展

憲実は文安三年（一四四六）に、学校規則三箇条を定めた。第一条で、三註・四書・六経・列子・荘子・史記・文選以外の学問を禁じている。庠主が禅僧にもかかわらず儒学を教えるのを禁じたのは、学校が禅僧を育てる機関ではなく、基礎的な学問を教えることを目指したからであり、その教えるべき三註とは『蒙求』『千字文』『胡曾詩《こそし》』、四書とは『大学』『論語』『孟子』『中庸』、六経とは易・書・詩・礼・春秋・楽である。

第二条では学徒に禅衣を着用するよう求めた。これは大寺院の大衆が武力集団であったのに対し、禅僧が武力集団とは見られなかったからである。将軍足利義持は、応永二十年代に武器を所持して傍若無人な乱暴を繰り返す禅僧を徹底的に取り締まり、相国寺には自ら乗り出し兵具を没収し、武器所持の僧数十人を逮捕している。

第三条は「不律の僧侶」（戒律を守らぬ僧）や「学業」に勤めず遊び暮らす僧を足利荘から追放するとしている。

以上により学問を行なう環境が定められ、学校は発展してゆくことになったが、関東では結城合戦に続いて享徳の乱など戦乱が広がり、京都でも応仁の乱が起き、その最中の「応仁元年、長尾景人が沙汰として、政所より今の所に移し建立」と、上杉氏家宰の長尾氏一族の長尾景人が学校を応仁元年（一四六七）に移転したという（『鎌倉大草紙』）。

「古河長尾系図」には「京都より足利荘給ひ、文正元年（一四六六）十一月十五日、足利庄の勧農に打入る」と見え、学校が以前は足利荘の政所にあったという。政所とは荘園の現地経営の拠点であり、同じ頃、備中の新見荘の「政所」には『庭訓往来』があったことが「東寺百合文書《とうじひゃくごうもんじょ》」に見える。

このことは、『庭訓往来』で「学文所」を館の中に設けられるべし、とされていたことに見合うものであり、武士の学問所の性格がうかがえるとともに、後に名主や庄屋の宅が寺子屋となったことへと繫がるものと想定される。

文明元年（一四六九）四月に快元が亡くなり、二世庠主に肥後出身の天矣《てんい》がなるが、その時、建仁寺大龍庵の一牛は勉学を終えて京に帰るに際し、『礼記集説』『易学啓蒙通釈』を寄せ置いている。四世の九天《きゅうてん》の永正三年（一五〇六）には、武蔵の児玉党の武士が唐本『文公家礼纂図集註』を寄せており、関東の武士の子弟が学校に入っていたことがわかる。古河公方の足利政氏の吾那《あがな》金吾が柿本人麻呂像を寄進しているなど、既に学校では儒学以外の学問にも及んでいたことがわかる。

学校の発展を促した関東の学問事情については、すでに見たように儒学が盛んであったことがあり、鎌倉や常陸太田の正宗寺では早くから儒学が講じられていた。学校所蔵の宋版『周礼』は正宗寺蔵本が文安六年（一四四九）に寄進されたもので、後に上野国長楽寺の僧賢甫義哲は足利学校で学んでおり（『猶如昨夢集』）、交流も盛んであった。

関東の各地では、天台宗・真言宗寺院で教義を修学する「談義所」が生まれていたことも見逃せない。下野では長沼・梁瀬・春日岡・牛久・稲葉・田原そして足利に河崎談所があったが、著名なのは武蔵川越の喜多院である。もう一つ注目したいのが、下野を中心とした学問・出版事情で、益子大沢の円通寺の大沢文庫や日光山、宇都宮東勝寺、足利浄因寺などでは多くの本を出版していた。浄因寺では応永十一年（一四〇四）に『諸偈撮要』を刊行し、夢窓の『夢中問答集』も重刊している。これらで出版された本は学徒手持ちのテキストとされたことであろう。

学校の盛期

第五世の庠主の東井之《とうせいし》好《こう》は、安芸国山県郡出身で、永正六年（一五〇九）から在職し、この時から学校の事績が多く知られるようになる。『鎌倉大草紙』は、「この比、諸国大いに乱れ、学道も絶たりしかば、この所、日本一なる」と、足利学校について記している。

連歌師宗長はその年に佐野から足利学校に立ち寄って「孔子・子路・顔回、この肖像をかけて諸国の学徒かうべを傾け、日暮し居たる体はかしこく、かつはあはれに見侍り」と記している（『東路のつと』）。学徒は諸国から集まり、おそらく釈奠も行なわれるようになったのであろう。『続本朝通鑑』『学校由来記』は、中華伝来の聖像を安置し、釈采・釈奠を行なっていたと記す。

宗長は関東を遊歴するなか、北条早雲が孔子・子路・顔回の画像を学校に寄せたのを知り、訪れたのであろう。学校を見た後、「御当家旧跡、鑁阿寺一見して千手院といふ坊にして茶などの次にあって、連歌して、ふけありしちりはや尽す柳かな」と詠んでいる（『東路のつと』）。

近江出身の六世庠主の文伯日新《ぶんぱくにっしん》の出自は明らかでないが、在職は二十三年と長い。天文四年（一五三五）に、諸国遊歴の六十六部の幸憲が勧進して、孔子坐像が制作されて講堂に安置された。勧進により学校の存在を象徴する孔子像が造られたことは、広く学校が知られ重視されていたことを物語っている。

七世庠主の九華《きゅうか》は大隅の伊集院氏の支族で、在職は天文十九年から天正六年（一五七八）までと長く、『住持四譜』には「学業尤も盛ん、生徒蓋《けだ》し三千」と言われ、『学校由来記』も「儒学盛んにして、学徒凡そ三千」と記している。九華の学業は、『史記』の『扁鵲倉公列伝』、兵学書『七書』の注釈書『七書講義』を書写し、易の伝授書を作成するなど広範な活動を行なっていた。『論語集《しっ》解《かい》』の講義内容が知られている。

学校の講堂が焼けた際、天文二十二年（一五五三）に「下野州足利庄学校講堂再造の勧進帳」が作成され、それは「本願学徒敬白」と始まり（『葛藤集』）、学徒が発願して再建がはかられたのである。翌年には学校の鎮守に稲荷社が再建されている。

以上の時期の足利学校について、渡来したヨーロッパ人が様々に聞き伝えている。天文十八年（一五四九）七月に鹿児島に着いた宣教師フランシスコ・ザビエルは、早速十一月五日にゴアのイルマン（イエズス会士たち）に書簡を送り、「都の大学の外に、なお有名な学校が五つあって、その四つは都からほど近い所の」高野山・根来寺・比叡山・近江の三井寺である。その「どの学校も、凡そ三千五百人以上の学生を擁す」が、日本に於いて最も有名で、最も大きい学校があるのは坂東であって、都を去ること最も遠く、学生の数も遥かに多い、と記している。

図5　孔子坐像（足利学校）
史跡足利学校蔵

ザビエルがこのように早くに足利学校や日本の事情に詳しかったのは、キリスト教の布教にとって日本の教育への関心が高かったからで、渡来と同時に記したのは、薩摩・大隅をはじめ九州から足利に来る学徒が多く、またザビエルがインドに渡航した時、京都と坂東の大学で学んだ僧からキリスト教の深奥を尋ねられており、彼らから日本事情を聞いていたからであろう。学を志す人々が足利に向かったのは、京都が天文法華の一揆などの戦乱の地となっていたことや、足利での学問が、京の博士学のように形式化されていなかったことによる。

学徒の町・足利

学徒の住む足利について、鎌倉建長寺の玉隠はその語録に「四海九州、関の東西、遊学の志有りて輻湊《ふくそう》」「風雅の一都会なり」と記し、風雅の一都会であると語っている。書物が読まれ、和歌が詠まれ、連歌が盛んであったからで、ザビエルもシモン・ロドリゲスに宛てた書簡で「坂東は一大都会にして人口繁殖し、その住民は血統高く武勇剛《たけ》きを以て誉れあり」と、同じく一大都会であると記している。

さらにザビエルのロドリゲス宛書簡は「坂東の大学には四方より攻学の徒、雲集す。かくて学徒その郷国に帰るや、おのが学びたる所を以て郷人に授くるなり」と記し、学徒は足利に雲集して学び、その後は郷里に帰って地域の人々を教えたという。

すでに見たように学校に入る時には禅衣になるのであるから、足利の外部からの通学は想定しがたく、学寮もあったであろうが、多くは学校周辺の寺院や民家に寄宿していたと考えられる。当時、足利にあったと見られる寺院は、近くの鑁阿寺とその支院である六字院・不動院・普賢院・東光院・宝珠院・浄土院・威徳院・延命院・金剛乗院・千手院・龍福院・安養院であり、それら十二坊が、鑁阿寺境内の外の東・北・西にあった。

そのほか、足利氏の廟所である樺崎寺、長尾景人が文安五年（一四四八）に開基した曹洞宗の長林寺、鎌倉期に足利義氏が開基した法楽寺、平安期草創の浄土宗の法玄寺、足利尊氏開基の善徳寺、足利家の執事高一族開基の清源寺、高一族の南氏の館跡に建つ金蔵院、足利義氏が文永二年（一二六五）に開いた智光寺などがあって、今は知られない寺も多かったであろう。

足利に町場があったことは、戦国期の話を多く含む江戸初期の『醒睡笑』に「足利の門前に姥あり。往来の出家に茶を施す」と見え、明らかである。江戸初期制作の「足利城古絵図」は長尾氏の城を描いた地図であるが、足利城の麓の町場が大きく描かれ、その東南に「大日」と記された鑁阿寺があり、近くに学校が描かれ、地図全域に寺社や町屋が描かれている。

多くの史料から足利荘の地名を探し出した研究によれば、河崎・借宿・生河・鶏足・今福・渋垂・鵤木・小曽根・塚島・西庭・寺岡・東利保・名草・赤見・八日町・五百部などが知られており、学徒はこれらの地に寄宿していたのであろう。

以上から見て、足利には学徒が多い時で四千人を数え、それに荘住人をも含め五千人ほどにもなろうか。そうであれば足利は学園町であったといえよう。日本で初めての学園町であったわけである。

学徒は講堂再建の願主となっているなど、その主体的活動がうかがえるが、ザビエルの指摘した大学の一つ根来寺境内は根来衆徒の町、畿内に多くみられる寺内町は真宗門徒の町であり、それらは自立した自治都市であったが、足利も学徒の町として自立していた。では学徒はいかに足利に集まり、どんな講義を受けたのか。

学校の講義と学徒

足利学校の講義は、経典の訓読読解、易学、占筮術が中心であった。九華の『論語集解』の講義の一端は、その国会図書館蔵本の九華の書き入れからわかる。『論語』の学而篇の一節に「三年、父の道を改む無きは、孝と謂うべし」とあるのを、将軍足利義教の三回忌で、子の義政と歌人正徹が詠んだ和歌を引いて講義していた。

それがどんな内容であったかはわからないが、相当に自由な形で行なわれており、和歌を引用していることからは、足利が風雅な都会であったことがわかる。受講者は、『論語集解』のテキストを書写して講義に臨み、テキストの行間や上下段に講義内容を書き入れ、それを学校から持ち帰っていて、そのことにより、論語の注釈書の写本と論語講義の筆録、およびその講義と受容の在り方が全国に普及した。

ルイス・フロイスの『日本史』は、学徒が問答形式で学習していたことを指摘しており、単に学ぶだけでなく、学生同士が議論し、情報交換を行なっていたのであろう。その学徒は、北は奥州、南は琉球にまで及んでいた。漢籍の跋文や漢詩文など様々な記録などから知られる。フロイスの『日本史』は、「全日本でただ一つの大学、公開の学校が、坂東地方の足利と呼ばれるところにある」と記し、足利学校が公開の学校であり、多くの人々に開かれた学校、唯一の大学であるという。

そうであれば、学校のある足利の地を戦乱から守らねばならない。天正八年（一五八〇）十月に甲州の武田勝頼は「学校」に「軍勢甲乙人等が寺中に於いて濫妨狼藉するのを停止」しており、同十一年十月に相模の北条氏康も同様の禁制を出し、「鑁阿寺・学校」の両所を「加敗」（保護）することを伝えている。鑁阿寺・学校がある足利は平和領域として機能していたのである。

学校で学んだ人々には僧が多かった。玉仲は学校で学んだ後に大徳寺の住持となって豊臣秀吉の帰依を受け、小早川隆景の師となった。白鷗は学校に入った後、小早川隆景の命を受け、足利学校の規定に沿って「名島《なじま》学校」を創設したが、これは足利学校の分校といえよう。

古渓は越前朝倉氏出身で、学校で儒学を学び大徳寺の住持になって秀吉の帰依をうけた。東明は但馬の佐々木氏出身で学校で学んだ後、播磨の赤松氏の帰依を受けて三枝寺の開山となる。天海は会津三浦氏出身で、永禄三年（一五六〇）に九華に周易を学び、徳川家康に仕えている。

いずれも戦国大名に仕えたが、僧医になったのが武蔵川越出身の田代三喜で、妙心寺で禅を学び明に渡って帰国、足利学校で『当世和極集』を著した。曲直瀬《まなせ》道三は足利学校でその田代三喜に医学を学び、京に帰ってから将軍や戦国大名に仕えた。

曲直瀬は永禄九年に毛利元就の病気の治療にあたって、同十年二月に毛利元就に送った意見書で、その「武略」について「天道の感応、冥慮の加護」「御武威、天下無双」「近年の名将」と元就を評したが（『毛利家文書』）、この表現は正親町天皇が織田信長を讃えた永禄十年十一月の綸旨に見える「尤も武勇の長上、天道の感応、古今無双の名将、いよいよ勝に乗ぜらるべき」というのと同じ表現であって、信長はこれを得て上洛し天下統一へと向かったのである。

西国の学校

学徒のなかには記録に残らぬものが大多数で、たとえば若狭守護の武田氏の一族は若狭を出て足利をへて、蝦夷地に渡り松前の大名になったことが知られている（『新羅之記録』）。多くの学徒は儒学という基礎的学問により、時代を生きてゆく術を議論と情報交換で身につけ、新技術を取り入れ戦国の世に各地で活躍し、泰平の世の実現に貢献したことであろう。

また郷里に帰って儒学を教えたのであり、玉仲・古渓は学校で学んで大徳寺の住持となっているが、京の禅寺も学校であって、ザビエルが「都の大学の外に、なお有名な学校が五つあって」と記している「都の大学」であった。

武士の学問について、戦国大名尼子氏の家臣多胡辰敬《たごときたか》がその家訓に「ヲサナキ時、寺ニヲキナドスル事、必ズ手習学文ノタメバカリニテハナシ。寺ヘハ上下ヲキラハズ、往来修行ノ人マデモ出入物ナレバ、人ニモマレヲホク人ノ立居振舞ヲモ見、物ヲモ申カハセバ、カドナク人ナレシ物也」という一文を記していて、寺は手習や学問、礼節・立居振舞を学ぶ場であった。

天文十七年（一五四八）に書かれた『手習往来』は、戦場における武士の覚悟や立居振舞になぞらえ、手習を始める子どもの心構えについて「日夜朝暮、隙なく文筆を餝《かざ》るべし」「手習学文、稽古致すべし」と諭した。武士の子弟教育は家や寺院でも行なわれた。

毛利元就の家臣玉木吉保の自叙伝『身自鏡』によれば、永禄七年（一五六四）に十三歳で勝楽寺に登り、その第一年にいろはと仮名文、真名字を習い、庭訓往来・式条・童子教・往来物、観音経などを読み、二年目に草書・行書の習字、論語や朗詠・四書・五経などを終日読書し、三年目に真名字を少し習い、『古今和歌集』などの和歌集、『伊勢物語』を読み、和歌・連歌を習作し、十六歳で下山したという。

『醒睡笑』巻五は、寺での教育の様子を記している。「人里遠き寺あり、手習ふとて多少人集りゐる」と始まり、人里離れた寺に手習の子が集まって、歌道を心掛ける人の子や喝食（寺に仕える稚児）、農夫の子がそれぞれ歌を詠んだという。

巻四の話には、風呂に入った子が「山高きがゆゑにたつとからず」と吟じると、これを聞いた子が「庭訓をよまるゝ」と言い、もう一人が「あれは庭訓ではない、式条といふ物ぢや」と言ったという。「山高き故に」とは『実語教』の一節、「庭訓をよまる」とは『庭訓往来』を読んだのとの勘違い、「庭訓ではない、式条」と言ったのは「御成敗式目」の一節の思い違いであって、『実語教』『庭訓往来』「御成敗式目」が読まれていたことがわかる。

ルイス・フロイスの『ヨーロッパ文化と日本文化』は、「日本ではすべての子供が坊主の寺院で勉学する」と記し、「坊主は彼らに弾奏や唱歌、遊戯、撃剣などを教える」「日本の子供は十歳でも、それを伝える判断と思慮において、五十歳にも見られる」と記している。

キリスト教布教のために宣教師が永禄元年（一五五八）から、読み書きを学ぶ初等学校を各地に、神学予備校のセミナリヨを有馬に、続いて安土に、司祭を養成するコレジョを豊後府内に設け、初等学校は天正十一年頃までに二百近くに及んだという。

これが可能であったのは教育への意欲の高まりがあったからで、極めて整備された施設とカリキュラムではあったが、慶長十九年（一六一四）の幕府の禁教令によって閉鎖された。

第三章　学校の制度

徳川政権と足利学校

天正十八年（一五九〇）奥州に赴いた秀吉の甥秀次は、足利学校の庠主閑室元佶《かんしつげんきつ》に命じてその蔵書を相国寺円光院に移させたが、この時から足利学校の動揺が始まった。徳川家康は政策立案に僧や学者・公家を顧問とし、僧では西笑承兌《せいしょうじょうたい》や天海、沢庵など、儒道では藤原惺窩と弟子の林道春（羅山）を登用し、そのうち西笑承兌は荒廃していた相国寺を天正十二年に再建して鹿苑僧録となり、『周易』伏見版を出版した。

天海は足利学校に学び、天正十七年（一五八九）に駿府で家康に謁見、川越の喜多院の住持や、日光山の貫主となり徳川秀忠を補佐した。関ヶ原の戦いで家康の陣中に随行、占筮で功のあった閑室元佶は、足利学校九世の庠主となり、家康から伏見の修学院に招かれて円光寺を開山、『貞観政要』訓訳を献上し、慶長五年（一六〇〇）に伏見版の出版に尽力、『毛詩』を家康に講義した。

慶長十九年、同二十年の大坂冬・夏の陣を経て、元和偃武となって天下泰平の世になると、足利学校にも大きな変化が生じた。文治政治への転換、新田開発や海洋開発の進展、啓蒙文化の広がりなどに足利学校の教育は対応できず、学徒の教養や知識は必要とされなくなった。

易学は戦乱の終息とともに求められず、兵学は小幡景憲の甲州流兵学、北条氏長の北条流兵学、山鹿素行の山鹿流兵学など多くの流派が生まれ、医学では貝原益軒が長崎に遊学して宋学・医学を学んで、医学・薬学に関する新知識を得るようになった。

足利学校は存続の危機にあったが、幕府が直轄して十世庠主に寒松《かんしょう》を任命、朱印地百石を与え、寺社奉行の下で南禅寺金地院の触下の五山派寺院として存続することになった。学校の所帯は定まったが、かつての学問所の性格は薄れ、寛永五年（一六二八）に寒松が弟子に庠主を譲ろうとして認められず、明暦元年（一六五五）に明徹祖徳《めいてつそとく》が庠主となる。

十三世の伝英元教《でんえいげんきょう》は、相国寺円光院に学び、寛文七年（一六六七）に焼失した聖堂（大成殿）の再建を、老中土井利勝の四男で足利藩主の土井利房や寺社奉行の井上正利に申請して修復料銀五十貫を与えられて完成し、翌年には他の建物も完成した。

聖廟といえば、佐賀藩国老の多久茂文が元禄十二年（一六九八）に小城郡多久郷東原に東原庠舎《とうげんようしゃ》を設立、多久邑の士分や卒以下の庶民の入学を許し、宝永五年（一七〇八）に聖廟が完成した。

貞享二年（一六八五）に足利学校を訪れた貝原益軒は、その著『東路記《あずまじのき》』で「足利町は山の下にあり、東西に長し。東の方に学校有。前に門二重あり。二の門の間に桜の列樹をうへたり、おくの

図6　足利学校の大成殿と「学校」の額のかかる門
　史跡足利学校画像提供

門の内に、孔子の御廟あり」「聖廟の東の方に引きはなれて客殿あり。中の正面に薬師あり。其の西に東照宮以下御位牌あり」と記し、当時の足利学校の様子を記している。

藤原惺窩の弟子の林羅山は、寛永七年（一六三〇）に家康から上野の忍岡《しのぶがおか》の屋敷地を与えられて儒学の私塾を営んで孔子廟を設けて祭祀を行ない、承応二年（一六五三）に日光社参後に足利学校を訪れている。

寛文六年（一六六六）に書院の弘文館の職掌と規約を定め、経義・史学・詩文・博読・皇邦古典五科を設けた（『昌平志』）。元禄三年（一六九〇）、将軍綱吉は神田湯島に孔子廟を移築するよう命じ、孔子の生地「昌平郷」に因んで「昌平坂」と命名、翌年に聖堂（孔子廟、御成御殿、饗応座敷）・学寮が整備され、聖堂維持の財源として千石の祭田が設定された。

還俗して大学頭になった林信篤《のぶあつ》（鳳岡《ほうこう》）は、元禄十五年（一七〇二）に釈奠の後、参列した諸侯・大夫・士庶に公開講釈を行なった。寛永七年（一六三〇）から延宝八年（一六八〇）までの五十年間に、昌平黌は三百三十二人の入門者があり、貞享から享保期の五十年間に五百人に達したが、その内訳は幕臣が十四、諸藩の藩士が百三十七、身分不明が三百四十七名で、塾生の多くは卒業後に諸藩の儒官に採用された。

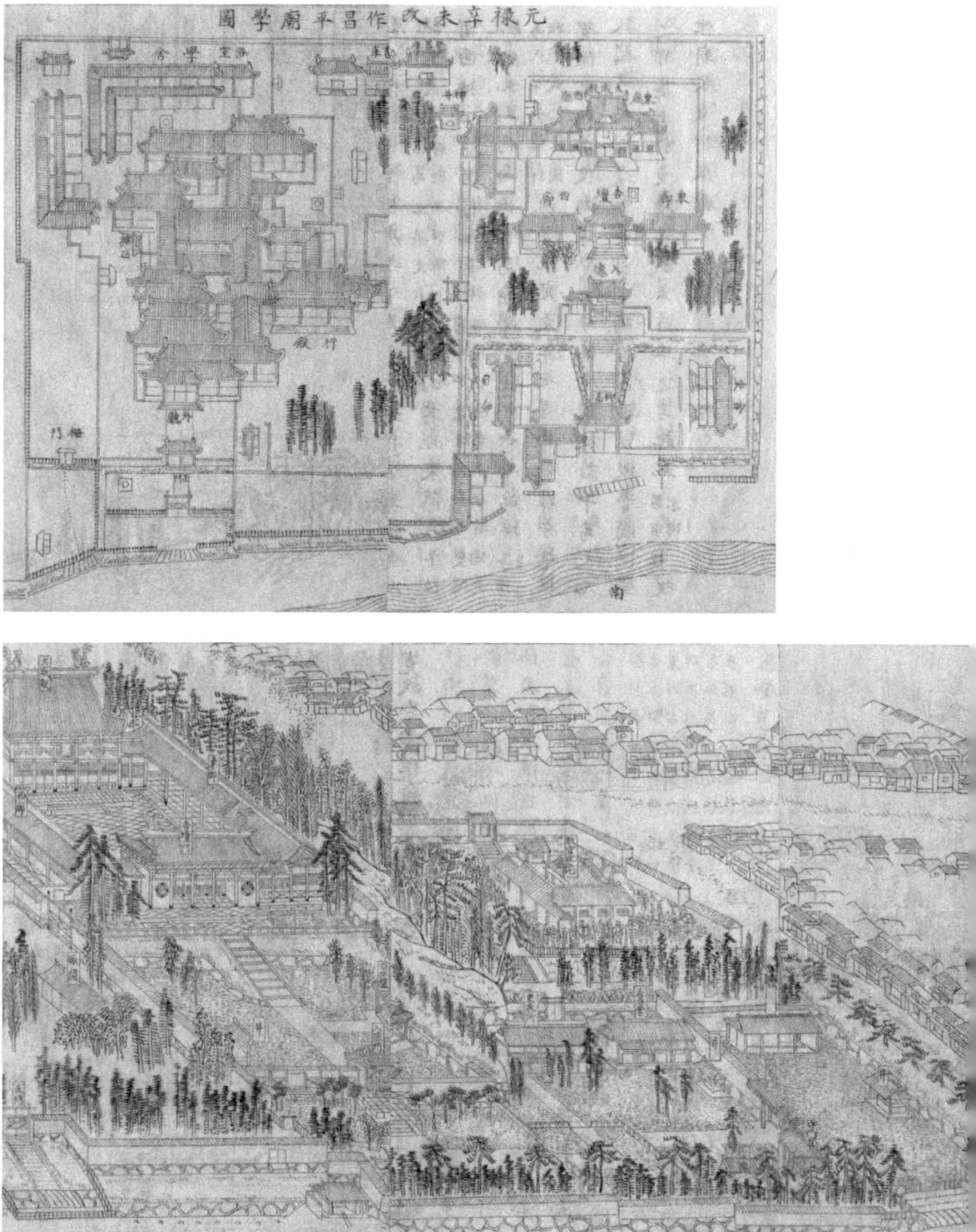

図7 『昌平志』所収の聖堂の図
上は元禄4年創建の図，下は寛政11年重修の図
国会図書館デジタルコレクション

儒者の私塾

藤原惺窩の弟子のもう一人の弟子の松永尺五《せきご》は、儒仏道の三教に通じ、詩文をよくして寛永五年（一六二八）に京都に講習堂を設立して経史・兵書を講じ、慶安元年（一六四八）に私塾尺五堂を開き、その弟子は筑後の柳川藩に仕えた安東省庵、福岡藩に仕えた貝原益軒・木下順庵ら五千人を越えたという。

京生まれの木下順庵は尺五に師事し、金沢藩の前田綱紀に仕え、天和二年（一六八二）に召されて幕府の儒官となって、将軍徳川綱吉の侍講をつとめ、朱子学を基本としつつも古学にも傾倒、私塾の雉塾《ちじゅく》において新井白石や室鳩巣《むろきゅうそう》、雨森芳洲《あめのもりほうしゅう》ら「木門十哲」と呼ばれる逸材を育てたが、彼らは将軍の侍講や大名の藩儒となった。

この時期の儒者のなかでも異色な存在が中江藤樹と谷時中である。藤樹は近江に生まれ、祖父吉長の養子となって伊予大洲《おおず》藩に仕え、朱子学を厳格に実践する道を求め、林羅山の出家を批判するなど、その主張が藩に受け入れられず脱藩して近江に帰郷、「藤樹書院」を開いて道徳実践の学を講じ、教育にあたった。

藤樹は「学問は天下第一等、人間第一義」という方針から、「大学の道は、明徳を明らかにするにあり、民を親しむにあり」、「天命を畏れ、徳性を尊ぶ」「ひろく学び、問い、慎んで思い、明に弁じ、篤く行なう」「義を正して、利を謀らず、道を明らかにしてその功を計らず」「己の欲せざるところ、人に施すことなかれ」など、六か条の「藤樹規」の額を書院の中に掲げた。

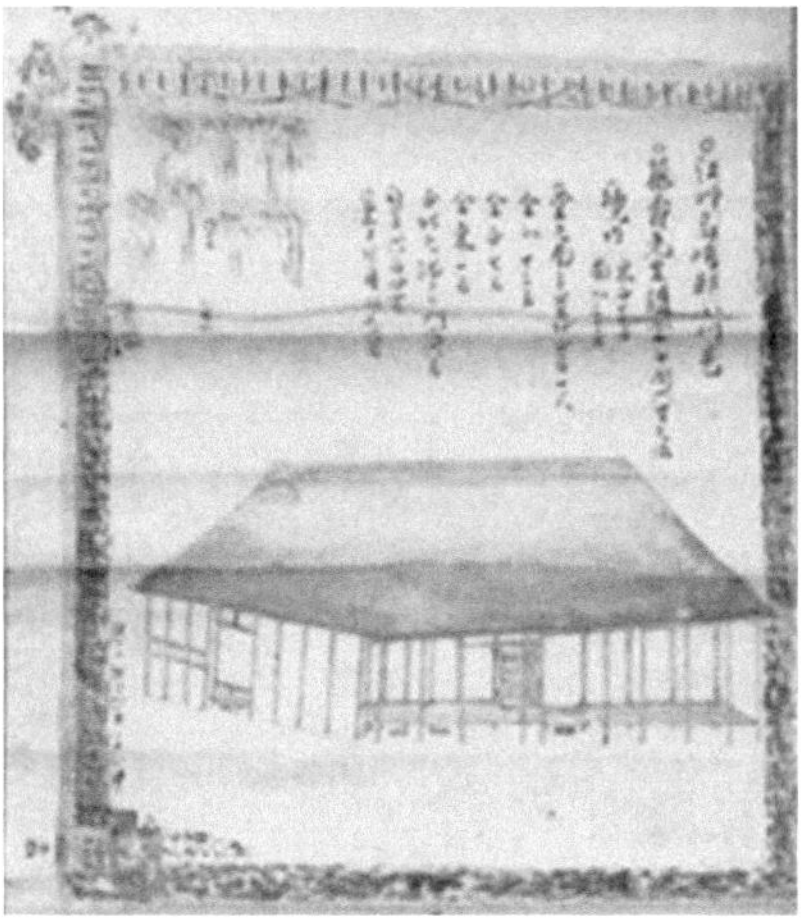

図８　「藤樹書院旧図」
藤樹書院蔵

講義は格式張らない個別教育であり、『孝経』など儒教の古典を主として歴史・詩文・書にまで及び、弟子の特別な関心と興味によりその方面の指導も行なった。弟子は寄宿してもよし、通いでもよしとされ、短期間の授業でも、また仕事を終えてからの授業でもよく、塾に来られない時には、藤樹自らが出向いて指導、手紙での指導も行なわれた。

塾は寛永十三年（一六三六）に始まり、亡くなる慶安元年（一六四八）まで、約十年続いた。弟子は多い時でも五十八名ほどであったが、師と弟子の間にはきわめて親密な心の触れ合いがあった。弟子は大洲藩から教えを乞うてやって来た武士、近郷の武士などからなっており、門人に熊沢蕃山がいた。藤樹は正保元年（一六四四）に王陽明の全集を入手すると、これに共鳴、日本における陽明学の基礎を築き、著書『翁問答』は広く読まれた。

谷時中は土佐に生まれた浄土真宗の僧であったが、真常寺で中国の古典を読むなか、南学派朱子学の南村梅軒《みなみむらばいけん》に学んで還俗、生涯を在野で過ごし、海南学派朱子学の祖となって、門下の野中兼山は土佐藩政に大きな影響をあたえた。

もう一人の門下の山崎闇斎は、明暦元年（一六五五）に京都に闇斎塾を開き、諸大名に招かれ学問を講じた。塾では講義内容に重きを置いて、講釈という秩序だった教授の方式を初めて用いた。その塾の張りつめた雰囲気を、弟子の佐藤直方《さとうなおかた》は、「その家に到り、戸を入る毎に心緒惴々《ずいずい》たること獄に下る如く、退いて戸を出づるに及びて則ち大息虎口を脱するに似たり」と記しており（『先達遺事』）、この教授方式は多くの藩校で採用された。

古学派の塾

闇斎塾の真向かいの京都堀川に家塾の古義堂を開いた伊藤仁斎は、朱子学を学ぶなかでその経書解釈に疑問を呈し、儒学の古典に還る古義学を主張、経義や文章よりも徳性を重視し、寛文元年（一六六一）に同志会をつくり「ともに講磨切磋して、上は聖人君子の道に進まんと欲す」と、同志とともに儒学の共同研究を始めた。

堀川の家で月三回開かれ、会員はそれぞれ「一茗一菓」（茶と菓子）を持ち寄り、部屋の北側に掛かる「歴代聖賢道統図」を礼拝して年齢順に座る。毎回、輪番で講義する者が選ばれ、質疑応答の後、会長の仁斎から問題提起と論題が出されて議論が深められ、その論議・論策は筆記されて回し読みされ、共通の認識を分かち合った。上・中・下の等級付けが行なわれ、その等級は、毎月、仁斎の控え帳に記入された。

翌寛文二年（一六六二）に古義堂を開き、武士・町人・百姓など諸階層に教え、多くの門人を育てた。そのカリキュラムと教育方法は、聖賢の書を徹底的に究め、理解することが最良の道徳訓練であり、それが教育のめざすすべてとする考え方からなる。毎年、講義は『論語』に始まり、『孟子』『中庸』に及んで一巡して全部終わると、また初めからと、繰り返された。

弟子が自分で読みこなし理解していく力を身につけるために、中国の書物の一節を日本語に翻訳したものを、もとの原文に戻す練習によって漢文の文法を学習させ、門人に問題を出して論議させたが、この方式は仁斎の息子の東涯に引き継がれた。

門人帳によると、学生は二百十五名で、町医者や商人などの庶民が多くて約六割を占め、藩士・浪士の士分は約四割で、全国各地から集まったが、東日本には少なく十名ほど、畿内近国が最も多く、九州からも二十三名いた。貞享二年（一六八五）に長崎から古義堂に入門した学生が、帰郷して四名の学生の保証人になるなど、地方からの学生の触れ合いの輪は国内に広がっていた。

同じ古学派の荻生徂徠は、三十一歳の時に柳沢吉保に仕えて将軍綱吉に拝謁、宝永六年（一七〇九）の綱吉の死と吉保の引退で、江戸の茅場町に住んで私塾蘐園塾《けんえんじゅく》を開いて弟子を育てた。『太平策』に「一切のこと、我が身になさずしてその理を知ることは、決してなきことなり」とその教育方針を記し、よく教える人は一定の法にかかわらず、その人の会得すべき術を示すことによって、教えられるもの一つが分かるようになれば、あとは自ずと通ずるものであり、自ら心に得たことなので、我がものになって用にたつ、と記している。

徂徠は、古典から選んだ難しい問題について、弟子にそれぞれ必ず何らかの話をさせる会読を行なうことにより、学生が互いに自分の力を精いっぱい発揮すれば、やがて皆の理解も深まってゆく、と考えた。

この会読の方法は多くの学者に用いられ、門人は多彩で、安藤東野《とうや》、山県周南《やまがたしゅうなん》、詩文の服部南郭・平野金華、経学の太宰春台、校勘学の荻生北渓、政事の三浦竹渓ら古文辞学派（徂徠学派）が出た。

藩校の制度

武断政治から文治政治への転換が十七世紀後半から始まるなか、儒教理念に基づく教育思想が広がり、山崎闇斎、熊沢蕃山、荻生徂徠ら啓蒙思想家が登場、彼らと徳治思想に基づく諸藩の名君によって藩校が生まれた。その早い例が岡山藩の「国学」である。

その前身は寛永十八年（一六四一）に熊沢蕃山の主宰した「花畠教場」であるが、それを受け岡山藩主池田《いけだ》光政《みつまさ》が寛文六年（一六六六）に岡山城内の石山の松平政種《まつだいらまさたね》の邸宅を学校として「仮学校」を設置した。入学者は十から十六歳の子弟十七人で、翌年には奥上道郡金岡村と和気郡働《かせぎ》村の庄屋の子も入学した。

開講とともに掟が定められ、入学者は礼儀正しく、文武の両芸を習うものとされ、藩士の子弟は八歳より二十歳まで、希望により許可し、庶民の子も才があって品行正しければ入学を認めた。教場の座席は身分よりは長幼の順序によった。寛文八年（一六六八）に「新建学校」に改められ、同九年に生徒が増加したため、光政は津田永忠《つだながただ》と蕃山の弟・泉仲愛を総奉行に任じ、藩学を建造するよう命じ、熊沢蕃山を招いて開校した。

光政は陽明学徒であったが、藩校では朱子学が教えられ、授業は、専任の講師および授読師によ

図９　堀川の伊藤仁斎の家
海原徹『近世私塾の研究』12 頁所収

り主に『小学』、四書（『論語』『孟子』『大学』『中庸』）、五経（『易経』『書経』『詩経』『礼記』『春秋』）などの誦読と講習を行ない、合間に武技の演習を行なった。初期の定員は「小生一六一名、小侍者六七名を極」とし、藩士の子弟の教育が目的だが、農民の子も教場では帯刀とされた。

会津藩の保科正之《ほしなまさゆき》は民政政策を展開、朱子学を奨励して会津に好学・尚武の風をつくり、寛文四年（一六六四）に城下の岡田如黙《にょもく》の私塾を学問所に取り立てて稽古堂と称し、如黙を指南役として藩士の子弟教育にあたらせ、延宝二年（一六七四）に学問所の講所を別に設け、元禄二年（一六八九）には町講所を設けて士庶共学の場とし、稽古堂を廃した。

元禄四年に老中酒井《さかい》忠清《ただきよ》の子忠寛《ただひろ》は、伊勢崎藩で藩校好古堂を設け、これまでの儒臣のほかに佐藤直方、三輪《みわ》執斎《しっさい》の闇斎学派と、林家塾に学んだ斉藤才次郎を任用し、好古堂で講じさせ、城中講釈に参加させ、次の代から闇斎学派の講釈に耳を傾けた。

前橋藩の藩主となった酒井忠挙《ただたか》は、同年に毎月十日ずつ城内三の丸の曲輪長屋を講堂として藩士子弟を集めて小学・論語を開講、翌五年に好古堂と名付け、槍・弓術の演武場を付設したが、寛延二年（一七四九）に姫路藩に移封となり学校を姫路総社門内に移した。

元禄年中に柳沢吉保は江戸神田橋内の甲府藩邸に文武教場を設け、荻生徂徠・谷口元淡らに藩士子弟を教導させたが、子吉里は大和郡山に移封になって、城南の五左衛門坂に総稽古所を創設して文武を兼修させ、藩主信鴻《のぶとき》の時に城の西南に移築拡張、藤川冬斎らを儒官に教学の興隆をはかった。

元禄十五年には、高松藩で藩校講堂が城下天満宮前に設置され、十河順安・根本弥右衛門が家臣の子弟や有能な領民に儒学を講じた。

長州萩藩の毛利吉元《もうりよしもと》は宝永四年（一七〇七）に襲封し、徂徠門下の山県周南を侍講となし、享保四年（一七一九）に萩城三の郭内の九百四十坪の敷地に文武稽古所を設けて明倫館と名づけ、学頭・本締役・勘定役が年間経費五百石で運営した。学頭が教授・助教・講師・兵学師範を管掌し、教授以下が文学・兵学・武術・書道・天文・礼式の諸科を諸生に教えた。本締役は勘定役を指図し学館の庶務・経理を管理した。小倉尚斎が初代学頭となり、二代学頭の山県周南は学規学則を整え、藩士子弟の教育の場とし、多くの優秀な門下生を育てた。

閑谷学校

岡山藩の池田光政は藩校に続いて郷学を設けた。慶安四年（一六五一）に熊沢蕃山が庶民教育の場「花園会」の会約を起草し、寛文六年（一六六六）に光政が和気郡木谷《きだに》村付近を視察、翌年に岡山に町方手習所を設置、同八年に「百姓少年之者手習幷算用、又学文すべき旨命あり」と、木谷村延原《のぶはら》に手習所を設置するとともに、郡中手習所（町方手習所を改称）を百二十二か所設けた。

寛文十年（一六七〇）、津田永忠が奉行となって、延原手習所を拡張した閑谷学校《しずたにがっこう》の建設が始められ、延宝元年（一六七三）に講堂が完成、翌年に聖廟が完成した。延宝三年（一六七五）、藩財政の逼迫から、他の郡中手習所を廃したが、閑谷学校のみが存続した。

閑谷学校はその呼称といい、藩主の墓所（和意谷墓所）の近くに設けられたことといい、足利学校と同じく、特別な保護が加えられ、単なる郷学とは異なる学問所、学校に発展していった。地方の指導者を育成するために、武士のみならず庶民の子弟をも教育し、広く門戸を開き、他藩の子弟も受け入れた。就学年齢は八歳頃から二十歳頃まで、一と六の日に講堂で講義があった。在学者は三十～五十名、藩校と同様に朱子学が講じられ、課外には教授役などの自宅で会読・研究がすすめられた。

津田永忠は土木巧者であり、卓越した技量を駆使、自ら立案建議した社倉米の制度を活用し、学校領（学田・学林）を設けて、下作人の制をつくるなど藩財政から独立させ、光政が天和二年（一六八二）に永忠と泉仲愛に学校の永続を遺言して亡くなった後、着工三十年後の元禄十四年（一七〇一）に全体を完成させた。

その建物は今に伝わり、北に火除山《ひよけやま》を背負い、桁行七間、梁間六間の入母屋づくりの講堂は、東西にやや長い平面の建物で南面し、板敷きの広間があって、内室の柱は丸柱で、光政の子綱政が学問をすべしと記した「定」の壁書が掲げられている。

付属して藩主が臨学した際に使用する四畳の小斎、教室として使用された習芸斎、師匠や生徒の休憩室である飲室などがあり、離れて学校所蔵の書籍などを所蔵する土蔵の文庫がある。

講堂の東には孔子をまつる聖廟があり、練塀に囲まれた中庭・東西の階、方三間の大成殿が貞享元年（一六八四）に完成、内部には元禄十四年に造られた孔子像を安置する。さらに東には光政の衣冠束帯姿の金銅座像を安置して祀る芳烈堂があって、これら建物をめぐらす長い石塀があり、各

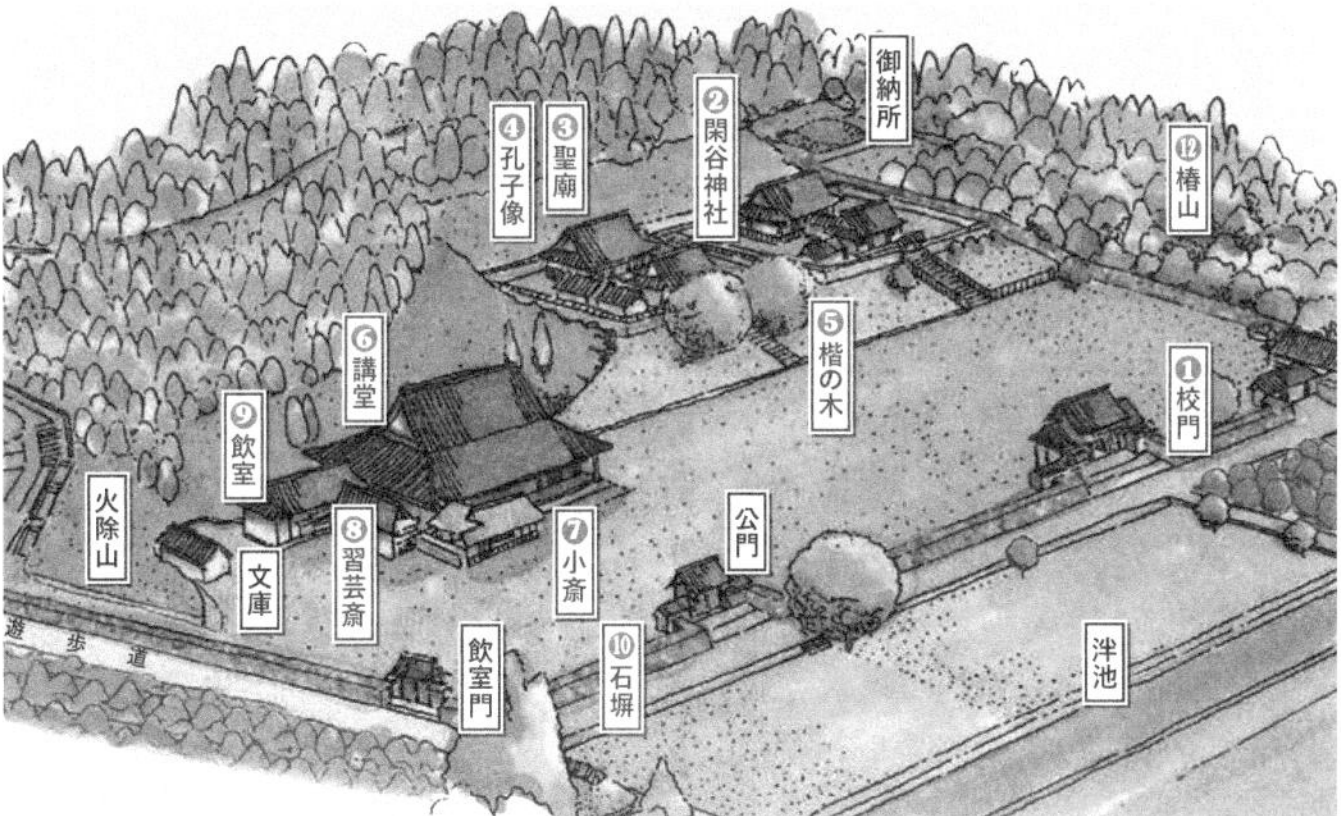

図10　閑谷学校の講堂と境内
公益財団法人　特別史跡旧閑谷学校顕彰保存会画像提供

所に門が開く。建物の様式は簡素だが、備前焼の瓦を使用し、赤茶色の瓦が山の緑に映える。火除山の西方には学房が、遥か東方に津田永忠の屋敷があった。

藩校の設立にともなって、藩の重臣が建てた郷校も各地に生まれ、軽卒以下の庶民教育の場となった。萩藩では、須佐益田氏の育英館（享保年間創立）、三田尻越氏塾（のち改称して講習堂、享保年間）などが生まれた。

手習所（寺子屋）

庶民教育の手習所については、三浦浄心の『慶長見聞集』に「江戸町の浅井源蔵」が、若者に向かって幼い時に「手習をおしへし師匠」が今の我に「七尺去って師の影を踏まず」と語った話を載せており、江戸でも手習所が生まれた。

山鹿素行の寛文五年（一六六五）頃の『山鹿語類』は家持や店借の子弟は十五、六まで手習い・物読みをさせ、家業を知らせるため、町内に師を立てる「町人子弟の制」を提唱している。

寺子屋は十七世紀後半からひろがり、元禄頃に京の香月牛山《かつきぎゅうざん》が『小児必用養育草《しょうにひつようそだてぐさ》』で、手習は朝十返・昼三十返、夜十返習い、手本一つを十五日とさだめ、五日に一返清書し、三度目の清書は手本を見ず書くようにすること、手習師匠の方針に任せること、女の童に七、八歳から十二歳まで手習所で教えるのは「はなはだ悪しき風俗」と記している。

京でも広く男女児が手習所にかよっていたこともあって、元禄八年（一六九五）に大坂の笹山梅《ささやまばい》庵《あん》が『寺子制誨之式目《てらこせいかいのしきもく》』を出版、その第一条で「人と生きて物書かざるは人に非ず」と子どもに手習をすすめ、第二条で「寺子」の髪、帯の結び、歯の白さなどに気を付けるよう行儀作法や躾方を説いている。寺子の語はこの書が初見とされる。

出羽庄内藩の手習所の元禄十六年の掟には、早朝から学習に励み、反復練習し、仲間同士で教え合い、わからなくなったら師匠に聞く、終日手習いに精をだし、いたずら・悪口などせず、清書は中一日おいて実施し、一人ずつ師匠の前に出て清書し、指導を受ける、とあって、東北地方にまで手習所は普及した。

正徳四年（一七一四）には堀流水軒《ほりりゅうすいけん》が『寺子教訓書』を出版し、宝永七年（一七一〇）に貝原益軒が『和俗童子訓』を出版して、大きな影響をあたえた。益軒は明暦元年に江戸で林鵞峯から朱子学を学び、二度にわたる京都留学で学者らと幅広く交流して著したもので、総論上下・随年教法、読書法、手習法、教女子法からなる五巻の啓蒙的学習論である。

「四民ともに、その子いとけなきより、父兄・君長に仕ふる礼儀・作法をおしえ、聖教をよまし め、仁義の道理をやうやくさとし」「ものかき、算数を習はしむべし」と、士農工商の教育の重要性とその早期教育をすすめ、家庭教育のカリキュラムを随年教法で記す。

読書・習字・作文・講義・史書の諸分野を設け、それらを教えてゆく段階、その段階ごとの教授法と教材を掲げ、躾を記している。すなわち七歳で仮名の読みや書き方を覚え、男女、席を別にし、礼法を教え始めるが、いちいち責め立てないこと、子は知力が発達し、事を聞き分けるようになるからという。

八歳で、文句の短く読みやすいものを『孝経』『論語』から選んで学び、楷書・草書の二体を大字で手習うようにし、礼を本格的に習い始め孝弟の道を学ぶ。知力発達の程度に応じて礼と学とを教える。十歳になれば、『小学』、四書、五経の順序で教え、五常の理、五倫の道、心も身も温和に保ち、人を敬愛するよう心がけを学び、師に学び、文武の道を学ばせる。十五歳になっては、身を修め、人を治める道を学び、経伝を講究する。

二十歳には広く諸子・史書を学び、徳行を修める。智鈍の子弟も二十歳までに小学、四書の大義に通じさせる。中国の古典ばかりでなく、日本の歴史・文学・地誌・民俗など広い分野に教材をもとめ、その学習の重要性を指摘している。実用とともに家の存続を目標に置きながら、人間性の尊さを自覚し、その全面的な発達を心がけさせている。

女子教育にも筆は及び、七歳から仮名を習わせ、古歌を多く読ませて風雅を知らせるのがよく、男子のように『孝経』の首章、『論語』の学而篇を読ませ、孝・順・貞・潔の道を教えるが、十歳からは外へ出さず、家の中にだけいさせ、織縫や糸をより紡ぐわざを習わせるのがよいとする。ものを正しく書くこと、算数を習わせ家計をうまくさせる必要を説いた。

吉宗政権下の文教政策

将軍徳川吉宗は多くの制度を整備したが、その一つが民衆教化策に基づくものであった。明の洪武帝の訓戒を解説した笵鋐《はんこう》の『六諭衍義《りくゆえんぎ》』を入手すると、その大意を和文で記す『六諭衍義大意』を享保七年（一七二二）に出版、武蔵豊島郡島根村の医師吉田順庵が手習所で法令類をテキストにしていることを知ると、広く『六諭衍義』を手習師匠に頒布した。

吉宗は林信篤の講義を受け、享保二年に昌平坂において経書を非番の直参や諸藩の武士、江戸町人の有志を対象に講じる公開講釈を、毎日定時に設けて、在塾中の優秀な学生に一日交代で行なわせた。翌年には信篤に江戸城内で開講させ、その講釈日を決めて、講釈には武士の聴聞を「勝手次第」とし、講師には林家一門だけでなく古文辞学派からも採用した。

また湯島の聖廟とは別に享保四年に高倉屋敷（学館）で室鳩巣や木下菊潭《きのしたきくたん》・服部寛斎《はっとりかんさい》ら木門の儒者に経書の講義を行なわせている。

享保十三年、吉宗は日光社参のついでに足利学校に使者を派遣して見分させ、七月に学校の蔵書三十六部を幕府に差し出させ、翌年に『足利学校書籍《しょじゃく》目録』が提出された。足利学校には宝永七年（一七一〇）に貝原益軒が再び、享保十四年に太宰春台が訪れた。

民間の私塾も盛んで、享保二年に摂津平野郷の含翠堂《がんすいどう》、同八年に江戸深川の会輔堂、同九年には大坂の豪商五人が出資し、三宅石庵《みやけせきあん》を学主に迎え懐徳堂《かいとくどう》が開設されると、同十一年に石庵の弟子中《なか》井甃庵《いしゅうあん》の申請で官許された。

含翠堂は戦国期の自治的郷町である平野郷の伝統の上に、土橋友直・宗信、中村保之、成安栄信、徳田宗雪、井上正臣、間宗好ら七人の上層町人の「同志中」が、「興立生員」として設立、「助力生員」の町人が掛金や寄付金を出し、設立を援助して経営に関わった。教育には教授と講師・留守居役があたり、教授は招聘されて講義に当たる者、住み込んで講義する者がおり、留守居役は事務や管理業務にあたり児童に素読を授けた。

読書日は、ある日は論語、ある日は中庸、ある日は大学で、読み書き算盤以外も教えた。成人教育は三・五・七・十の日に会合して行なわれ、「大学章句」「論語聞書《ききがき》」「孟子講義録」「古文後集」「童子問」など広く講義され、定日以外にも特別講義があった。主な教授陣には陽明学の三輪執斎、古義堂の伊藤東涯や大内青渓、三宅万年などがいた。

大坂の懐徳堂は、享保九年（一七二四）、三宅石庵の私塾を前身とし、ここで学ぶ大坂の豪商（三星屋武右衛門・道明寺屋吉左衛門・舟橋屋四郎右衛門・備前屋吉兵衛・鴻池又四郎）の五同志が出資し、石庵を学主に迎えて大坂尼ヶ崎町に設立され、享保十一年（一七二六）に石庵の弟子中井甃庵の奔走により、公認を受けて官許学問所となった。

堂の方針は、庶民の教育を主眼におき、学問は忠孝を尽くし、職業を勤める上であること、講釈もこのために行なうもので、書物を持たない人も聴聞でき、武家方は上座にあっても、講釈が始まってからは席に差はなかった。学主・預人・支配人（町役）という組織で、学風は朱子・陸王・古学の折衷兼学で、三輪執斎、伊藤東涯も出講しており、後に詩文も教えるようなった。第四代の学主中井竹山の時に大きく発展、山片蟠桃など独創的な学者を輩出した。

寛保二年（一七四二）七月に入封した上洲沼田藩主土岐頼稔は、城内に学問所を設け、十二月に藩校沼田学舎を発足、その『沼田学舎記』によれば、足利学校を範に求めたという。教場・筆学道場、兵学・弓術・馬術・槍術・剣術教場が設けられた。

第四章　教育の世界

蘭学の世界と芝蘭堂

十八世紀後半からの百年間は、今につながる町や村の世界が開かれた時代であって、大都市になった江戸では、杉田玄白らの蘭学、鈴木春信の錦絵に始まる喜多川歌麿・葛飾北斎・歌川広重らの浮世絵、大田南畝らの狂歌、鶴屋南北らの歌舞伎の世界が開かれた。

京都では伊藤若冲や円山応挙、文人画の池大雅と与謝蕪村、俳句の蕪村、大坂では上田秋成などが独自の世界を開き、さらに諸国の町では、町人中心の祭が盛大に行なわれ、村では若者組を中心に村芝居や村祭が開かれ、やがて蝦夷地の世界、横浜など開港地の世界が開かれた。

蘭学では杉田玄白の『解体新書』の訳業に集まった同志が「社中」「会」において研鑽するなか、玄白の弟子大槻玄沢は、前野良沢にオランダ語を学び、玄白から「和蘭の窮理学には生まれ得たる才ある人」と称され、天明五年（一七八五）に長崎に遊学、翌年に江戸にオランダ語学習の教育機関として蘭学塾芝蘭堂《しらんどう》を開いた。

オランダ風俗による「おらんだ正月」（新元会）を開き、大黒屋光太夫を招いてオランダ語普及につとめ、同八年にまとまった形の最初の蘭学入門書『蘭学階梯』を著した。芝蘭堂は橋本宗吉や稲村三伯《さんぱく》、宇田川玄真、山村才助ら多くの弟子を育て、その数九十余、ほぼ全国に及んだ。

橋本宗吉は大坂の傘屋の紋書き職人で記憶力抜群なことから、天明三年に伏見で解剖していた医者小石元俊《げんしゅん》に見出され、江戸に派遣され、寛政二年（一七九〇）に玄沢の門弟となり、『蘭科内外三法方典』を訳して大坂で医師を開業し、享和の初めの頃に蘭学塾糸漢堂《しかんどう》を開いた。

稲村三伯は、因幡鳥取の町医者の子で、玄沢の『蘭学階梯』を読んで蘭学を志し、江戸に出て芝蘭堂に入門、日本最初の蘭日辞典『波留麻和解《はるまわげ》』を刊行するが、弟の不祥事で脱藩し、京都で蘭学塾を開いて後進を育てた。宇田川玄真は伊勢国安岡家に生まれ、若くして玄白の天真楼、玄沢の芝蘭堂で学び、芝蘭堂四天王の筆頭と称され、玄白の娘と結婚するも離縁になるが、寛政九年（一七九七）に津山藩医で芝蘭堂の高弟宇田川玄随の死去で宇田川家の養子に入って跡を継ぎ、蘭書翻訳員として招聘され、和蘭書籍和解御用方として、フランスの百科事典の翻訳に携わった。

玄真の私塾「風雲堂」は医学のみならず、化学、科学、自然哲学など幅広い分野において日本の自然科学の基礎を築いた。玄沢の門人帳には寛政元年（一七八九）から文政九年（一八二六）まで九十四人の名があり、彼らの出身地は三十九か国に及ぶ。寛政八年の『蘭学者芝居見立番付』や寛政十年の『蘭学者相撲見立番付』などから、その内訳は藩医二十五人、村医八人、町医八人、武士七人、町人からなることが明らかにされている。

江馬蘭斎は大垣藩の藩医元澄の子で、『解体新書』を読んで衝撃をうけて蘭学を志し、寛政四年に玄白の門に入り、帰郷してから大垣に私塾「好蘭堂」を開くと、寛政十年に京都の西本願寺門主文如の治療をして名声が高まり、患者や弟子志望者が殺到、門弟は三百人を越えた。主な門弟に飯沼慾斎《よくさい》、伊藤圭介、水谷豊文《とよぶみ》、山本亡羊《ぼうよう》、小森桃塢《とうう》、藤林普山、坪井信道《しんどう》らがいる。

私塾と咸宜園

地方の教育機関で中核をなしていたのが私塾・家塾である。有意の人材を育てることを目的に各地に生まれたが、なかでも豊後には特筆すべき私塾が多かった。岡藩主の中川久貞《ひさただ》は、安永五年（一七七六）に三代前の久通《ひさみち》が整えた家塾「輔仁堂《ほじんどう》」を拡張し、藩校由学館《ゆうがくかん》に改名し正式な学問所とし、天明七年（一七八七）に医学教育の施設を設けている。

三浦梅園は杵築《きつき》藩の学習館の設立に関わり、宝暦年間に宅地内に塾舎を建て梅園塾と称し、明和三年（一七六六）に「塾制」九か条を示し、「学問は飯と心得べし」「学文は置所によりて善悪わかる」と書き、ひたすら学問をするように説いた。その塾生は諸国十七か国から二百人に及んだという。佐伯《さいき》藩では、毛利高標《たかすえ》が安永六年に四教堂《しこうどう》を設け、天明元年（一七八一）に佐伯文庫を設立し「八万巻の文庫」といわれた。

隣接する延岡藩には伊藤仁斎に師事した渡辺正庵が塾を開いて、門下生百人を数えたといわれ、藩主内藤政陽《まさあき》は明和五年（一七六八）に城内本小路に学問所と武芸所を開設、督学に山本与兵衛、教授に白瀬道順、儒学執行に佐久間左膳を任じた。政脩《まさのぶ》は安永六年に「諭令」「訓言」を令し、没後の文化十二年（一八一五）に江戸藩邸に崇徳館が設けられた。

杵築藩の松平親賢《ちかかた》は三浦梅園の『丙午封事《へいごふうじ》』に基づいて天明八年に学習館を設立、梅園の門人の一人儒者の脇蘭室《わきらんしつ》（愚山）は、寛政元年に私塾「菊園」を速見郡豊岡に開いて近隣の子弟の教育にあたり、ここから育ったのが帆足万里《ほあしばんり》である。

父が藩の家老で梅園や蘭室と親しくして詩文を学んでいた関係から、蘭室の菊園塾に入ったが、蘭室が中井竹山に師事していたので、大坂に出て中井竹山や皆川淇園《きえん》らと交わった。帰郷した万里は、福岡の亀井南冥《なんめい》や豊後日田の広瀬淡窓と親交を結び、日出《ひじ》藩の儒官となって享和三年（一八〇三）に家塾を開き、翌文化元年（一八〇四）に藩学の教授となって、稽古堂で教えた。天保七年（一八三六）に著わした『窮理通』は、梅園の条理学の影響を受けており、蘭書を訳述し、窮理の学を徹底させた。

日田に咸宜園《かんぎえん》を開いた広瀬淡窓は、天明二年（一七八二）に日田郡豆田町の博多屋三郎右衛門の掛屋（金融業者）に生まれ、伯父で俳人の秋風庵月化に養育され、父から読書・習字を学び、日田代官所出入りの松下筑陰にも師事するなど、多くの師から学問を学んだばかりか、福岡の亀井塾に遊学して亀井南冥・昭陽父子に師事した。

寛政十二年（一八〇〇）に大病を患って命も危ぶまれたが、肥後の医師・倉重湊に命を救われ、将来を迷っていたところ、倉重から「足下、今年二十三、家に在っては一事を勤めず、安然として父母の養を受くるのみなり。是世人の咎むる所なり」と、教育に専念するようすすめられて迷いが吹っ切れ、家業を弟久兵衛に任せて学者、教育者の道を歩んだ。

淡窓は梅園や蘭室、万里などの塾の方針、さらに熊本藩の時習館の教育方針の影響を受けつつ、教育に専念するなか、教育そのものを窮理の学として専心した。その教育は、教育とは何か、いかに教育をなすべきかを深く考えた教育学に他ならず、淡窓は教育学の世界を開いた。

日田には代官所が置かれ、明和四年（一七六七）からは西国筋郡代役所が置かれることが多く、九州の幕領支配の中心で支配地は十万石を超える。様々な情報が入り、道は四方につながり人の往来が頻繁だった。代官所の公金をあずかる掛屋商人などの豪商が、九州各地の諸大名や町人貸し付けをしていて富裕な町であった。

咸宜園の教育

文化二年（一八〇五）三月、淡窓は豆田町の長福寺の学寮を借りて講業を開始し、三か月後には実家近くに家を借り、成章舎と名付け、文化四年（一八〇七）に独立して塾「桂林園」を発足させ、入門簿を作成、三十六名の塾生を得た。当初は経営が不安定だったが、文化七年に淡窓は詩「桂林荘雑詠諸生に示す」を掲げ、塾生の教育に邁進した。

文化十四年（一八一七）、堀田村に塾を移すと、塾名を「咸宜園」とした。入塾希望者は、入学金を納入して入門簿に姓名・郷里・紹介者など必要事項さえ記入すれば、誰でもいつでも入塾できた。入塾にあたっては身分・学識・年齢の差が奪われ（「三奪」）、平等に学ぶことができ、優劣の差がつくのは学問のみであった。

東西に塾があり、開塾当時は右側の西塾のみであったが、東塾は文政四年（一八二一）に増築され、ともに同じ構造で、門を入って直ぐの茅屋が淡窓の住宅、続くのが講堂、上方の二階建が塾生の寄宿舎、手前に炊事場、井戸、浴場、物置などが並ぶ。

その教育方針は、「およそ諸生の人品一様ならず、才子あり不才子あり、富生あり貧生あり、長者あり幼者あり、勤者あり惰者あり、塾生あり外来生あり、その人によりてその望み同じからず」と、個々人の教育への要求にこたえるもので、個性を大切にし、学ぶものの意思を大事にした。

四書、五経、諸子、和漢の歴史、詩文などについて、塾生は学力の多寡に応じて、これらを素読、輪読、輪講、会講、講義、独見、質問、推敲などの形式で学び、輪読に誤りがあれば、それを指摘したものに代わる。会講は輪講の発展したもので、質問に答えられないと、質問者と席を入れ替わる。講義は淡窓や都講、副監、舎長らによる講書で、師に代わって塾生が講義することもあった。

塾の運営の多くが塾生に委ねられ、塾生は必ず何らかの役割を担ったので、塾の一員としての自覚が生まれ、実務経験を得ることもできた。毎月の学業では昇給試験が行なわれ（「試業」）、「月旦評」という成績評価がなされ、当初は四等級で始まったが、優秀な塾生の存在もあって順次等級が増え、文政十二年（一八二九）には八級の上を最上とし、無級を最下とするようになり、塾生は上

図11　日田豆田町と咸宜園
日田市文化財保護課画像提供

階上
南楼
階下
南塾

図12　大正の咸宜園図
長岡永邨作「咸宜園図」
公益財団法人　廣瀬資料館蔵

級を目指し、その知的能力が引き出された。

こうした教育が広く知られるようになると、遠方から来る者が増えたために寮も併設された。文政十三年四月の生徒は、月旦評百五十四名、在塾生五十四名、旅人外宿生二十一名からなり、塾舎外に寄宿する者も現れた。

塾生は月謝のほか、図書費や風呂代、「日湊銭」という維持費など、相当な額の学費を納めなければならなかったが、日田の八人の豪商「八軒士」による奨学金があり、『大日本史』の写本作りの斡旋、商人宅に食客としての引き受けなどの経済援助があった。淡窓の出た広瀬家はその掛屋で、淡窓の弟久兵衛は屈指の豪商であった。

ただ塾経営が最初から順調だったわけではない。淡窓が病弱な上、日田を支配する代官との関係が時にうまくゆかず、代官所に仕えた門人とのいざこざや、新田事業にかかわる対立もあった（「官府の難」）が、代官が退任して難を乗り越え、天保元年（一八三〇）に塾業を弟旭荘《きょくそう》に譲った際の「申聞書」によれば、門弟は百人をこえ、「束脩《そくしゅう》」（入学金）は銀二貫目で、経営は安定していた。

シーボルトの鳴滝塾

蘭学塾はシーボルトの渡来とともに新たな展開となった。シーボルトは一七九六年にバイエルンの医師の家に生まれ、オランダ領東インド陸軍病院の外科少佐となり、一八二三年にバタヴィア近郊のヴェルテフレーデンの軍医に配属され、東インド自然科学調査官を兼任、東インド総督に日本

図13　鳴滝塾（成瀬米城筆）
海原徹『近世私塾の研究』222 頁所収

研究の希望が認められて、八月にオランダ商館長ステュルレルに同行し、オランダ商館医として来日した。

シーボルトが出島の外科室で診療にあたるうちに名声が広まり、通詞の塾を借りて診療と医学教育を行なうようになり、翌年、長崎奉行の許可を得て稲佐山の麓に鳴滝塾を開設、出島から通っては診療と臨床講義と自然科学を講義した。塾の規模は母屋二棟、一棟は二階建てで階上八畳、階下十畳余でここにシーボルトの研究室兼書斎があり、もう一棟は居室や塾生の教育、病人の診療室として使われ、ほかに別屋三棟、書庫、台所があった。

実際に手術を行ない、門人の日本人医師に参観させ、講義は内科・外科・眼科・産科・婦人科など医学全般にわたり、机上の空論を排して患者の治療法や薬剤処方を授ける臨床医学教育を行なった。信州上山田村の宮原良碩が長崎の通詞吉雄《よしお》幸載《こうさい》の塾で写したシーボルトの手術記録に『シーボルト治療日記』『シーボルト直伝方治療方写取』があり、それには門人が手術を実見した様が記されている。

医学だけでなく植物学や動物学を中心にしながら地理・天文・物理学などを適宜教え、個々の問題に即して実地授業として行ない、課題研究を塾生一人ひとりに与え、調査・研究のレポート作成の過程が、ある種の教育活動となった。

シーボルトは文政九年（一八二六）の江戸参府には高良斎《こうりょうさい》、二宮敬作、岡研介《けんかい》らの塾生を随伴し、各地の塾出身者にも協力を求めて、各種の資料収集を行ない、可能な限り諸方の蘭学者に会って情報を交換した。江戸では天文方の高橋景保や将軍御典医の桂川甫賢、大槻玄沢らと意見を交換、最上徳内や間宮林蔵とも面会、蘭学者宇田川榕庵《ようあん》、元薩摩藩主島津重豪《しげひで》や中津藩主奥平昌高とも会った。その時の日記に「鳴滝は暫時にして欧州の学術を尊崇する日本人の集合所」となり、美馬順三と岡研介はこの塾舎の最初の教師となってシーボルト不在時は二人が教師となった。

シーボルトの直接の門下生は五十七名、多くは各地で私塾を開いた。門人は、奥州水沢の医師高野長英、咸宜園で学び鳴滝塾初代塾頭になった周防の岡研介、伊予宇和島の二宮敬作、佐賀藩の伊東玄朴、名古屋の伊藤圭介、阿波の美馬順三ら各地の医師、「知識欲旺盛な研究者」である。彼らは江戸で高野長英が大観堂、湊長安が丹精堂、伊東玄朴《げんぼく》が象先堂、土生玄碩《はぶ》が迎翠堂、大坂で岡研介が万松精舎、長崎で楢林宗建が大成館などを開くようになり、これにより蘭学と医学は新たな段階に入った。

文政十一年十一月、帰国直前のシーボルトのもとに、長崎奉行所から検使が派遣され、その所持する高橋景保から渡された日本地図の捜索、尋問や家宅調査が行なわれた。翌年夏まで尋問が続き、「日本輿地全図」などが押収された。

事件は、シーボルトが帰国の挨拶のため間宮林蔵にあてた書状が勘定奉行村垣定行に渡ったことで、村垣が動き景保が逮捕され、「日本地図其の他、シーボルト所持致し居り候」ことが判明、日本地図を押収する内命が長崎奉行所にもたらされて起きたものである。

シーボルトは出島や鳴滝塾に植物園を作り、日本を去るまでに千四百種以上の植物を栽培した。文政十二年に国外追放、再渡航禁止となり、翌一八三〇年、オランダに着いた。

閑谷学校の世界

閑谷学校は津田永忠が宝永四年（一七〇七）に亡くなると、しだいに沈滞したが、和気郡働村大庄屋の有吉和介が宝暦十三年（一七六三）に岡山藩校の授読師になり、閑谷学校教授に移り「課業規則」を定め復興・発展につとめた。その和介（蔵器）から閑谷学校で学び再興につとめたのが天神講の成立に関わった武元君立《たけもとくんりゅう》である。天神講は菅原道真にまつわる講で、和気郡北方村に天明二年（一七八二）に経書講読と修養を目的に、上層百姓の明石順治、武元勇次郎（君立）らにより結成された。

君立は吉永町北方の名主の子に生まれ、閑谷学校在学中から天神講の講釈人となり、江戸に出て大学頭林述斎に師事し帰郷してから北方村の名主になると、その農業経験を通じて、藩財政の困窮や農民疲弊の原因と打開策を『勧農策』で論じ、文化十年（一八一三）に閑谷学校教授に任用されて閑谷に移住し、教育と学校経営に専念、多くの子弟を育て、閑谷学校は「郷校」として新たな発展を遂げた。

君立が文化十一年に丹後田辺藩の牧野豊後から依頼され記した『閑谷学校課業規則』には、民間の入学希望者は、家主名を記し、村役人が認めた願書を提出、岡山学校惣奉行がこれを聞き届け学房に渡すことで入学できた。家中の子弟も同様で、近村から通学する者は、習字所・講堂に出席、他領から入学を願う者は一年を限り、民間に逗留して引受主が入学願を出し、習字所で習机、木硯、玉盤、習筆、刷毛、水入れ、手本の紙も渡された。

学風は「国学」（藩校）と同じで、諸生の素読は『孝経』『小学』、四書・五経で、さらに左伝、歴史、諸子、賢伝に及ぶが、民間の子弟の多くは、習字・素読のみで、学校を出て農業をさせ、孝悌忠臣の道を着実に実行させるのを本とした。

日課は、一日目が四ツ時から講堂に出て、講釈が終わったら習字所で九ツ半まで習字を行ない、二日目は、四ツ時から習字所に出て習字・清書・復読が九ツ半まで、三日目は、四ツ時から習字所で習字・新読を九ツ半まで、八ツ時より習芸斎に出席、四日目は、四ツ時から習字所で習字・新読九ツ半まで、五日目は休暇浴であって、これが繰り返された。

このように整った規則もあって、その教育を知ろうとして、多くの文人墨客が訪れたので、その応接用に学校の由緒と配置を記す「閑谷学図」を文化十年（一八一三）に作成し、茶室を建てたが、その名の黄葉亭は頼春水《しゅんすい》の命名である。

この頼春水と大坂の頼家の私塾の青山社で親交があった菅茶山《かんちゃざん》は、朱子学を学んで帰郷して備後神辺《かんなべ》に私塾黄葉夕陽村舎《こうようせきようそんしゃ》を開いて近隣の若者を教え、寛政四年（一七九二）に家業を弟に譲って、塾の経営に専念し、文化六年（一八〇九）に春水の子山陽を預かって塾頭とした。文化八年から文政七年（一八二四）まで十四年間に寮舎に入った者は三百三十名を数え、塾の経営は、生家の田地からの収入と酒造業の利益、さらに藩校弘道館の儒者に採用されて与えられた二十人扶持、金十五両で賄われた。寛政八年（一七九六）に福山藩の郷学《ごうがく》に認められて廉塾と称され、山陽道を往来する文人の多くが訪れた。

これ以前の宝暦・明和期に詩文の世界では、京で服部蘇門《そもん》が長嘯社、江村北海が賜杖堂、金龍道人が南社、大江玄圃が時習塾を開いた。片山北海は越後から京都に遊学し、宇野明霞《うのめいか》に師事したが、明霞の師の龍草盧《りゅうそうろ》の門人五十一人には、佐々木魯庵、平沢旭山らが出た。

足利学校・時習館

足利学校は宝暦四年（一七五四）の落雷によって方丈・庫裏・学寮・土蔵が焼失するが、宝暦六年十二月二十二日に小野篁卿祭を行なった。学校が小野篁に始まるという考えによるものであり、

図14　「閑谷学圖」（複製）（部分）
閑谷学校蔵

これは幕府の書物方御用の青木昆陽が文書調査を行なった際、関東の各地の村々に対して文書を集め調べるよう求めていたことと関係があるかと見られる。

宝暦十一年正月の足利学校の朱印改には「下野国足利郡五箇郷学校」とあり、足利町とその周辺の五箇郷の「郷学校」と把握されていたことがわかる。天明七年（一七八七）の改めでは「戸田大炊頭殿領分下野国足利郡五箇郷学校」とあるので、足利藩のもとで郷学校として存在していた（『足利学校記録』）。これ以前の延享三年（一七四六）に「足利郡五箇郷学校」とあって、これより少し前からのことであろう。

明和元年（一七六四）に学校の修復がなり、同三年五月に庠主千渓元泉《せんけいげんせん》が『七才詩』を開講、二十一人が聴き、八月に学校役人茂木条右衛門が『論語』を開講、翌年二月に庠主が『詩経』『古文』を開講し、聴徒は僧俗三十三名であった。

安永四年（一七七五）には庠主元泉が江戸城中で上杉治憲《はるのり》（鷹山《ようざん》）と対面して対話、その桜田屋敷を訪問している。天明八年（一七八八）に次の庠主青郊元牧《せいこうげんぼく》が尾張藩の儒者細井平洲《へいしゅう》と会って、尾張藩による『群書治要』の寄進を求め、寛政元年（一七八九）に『群書治要』が藩主徳川宗睦《むねちか》から贈られており、庠主は多くの大名と交流があった。寛政三年（一七九一）に幕府に「境内惣坪数并諸建立物絵図」を提出しており、この時期の足利学校の様子がわかる。寛政五年（一七九三）、仙台の松川東山、宇都宮の蒲生君平が足利学校を訪れ、時習館を学校内に設立して学校の活性化をはかろうとしたが、建設はならずに終わる。

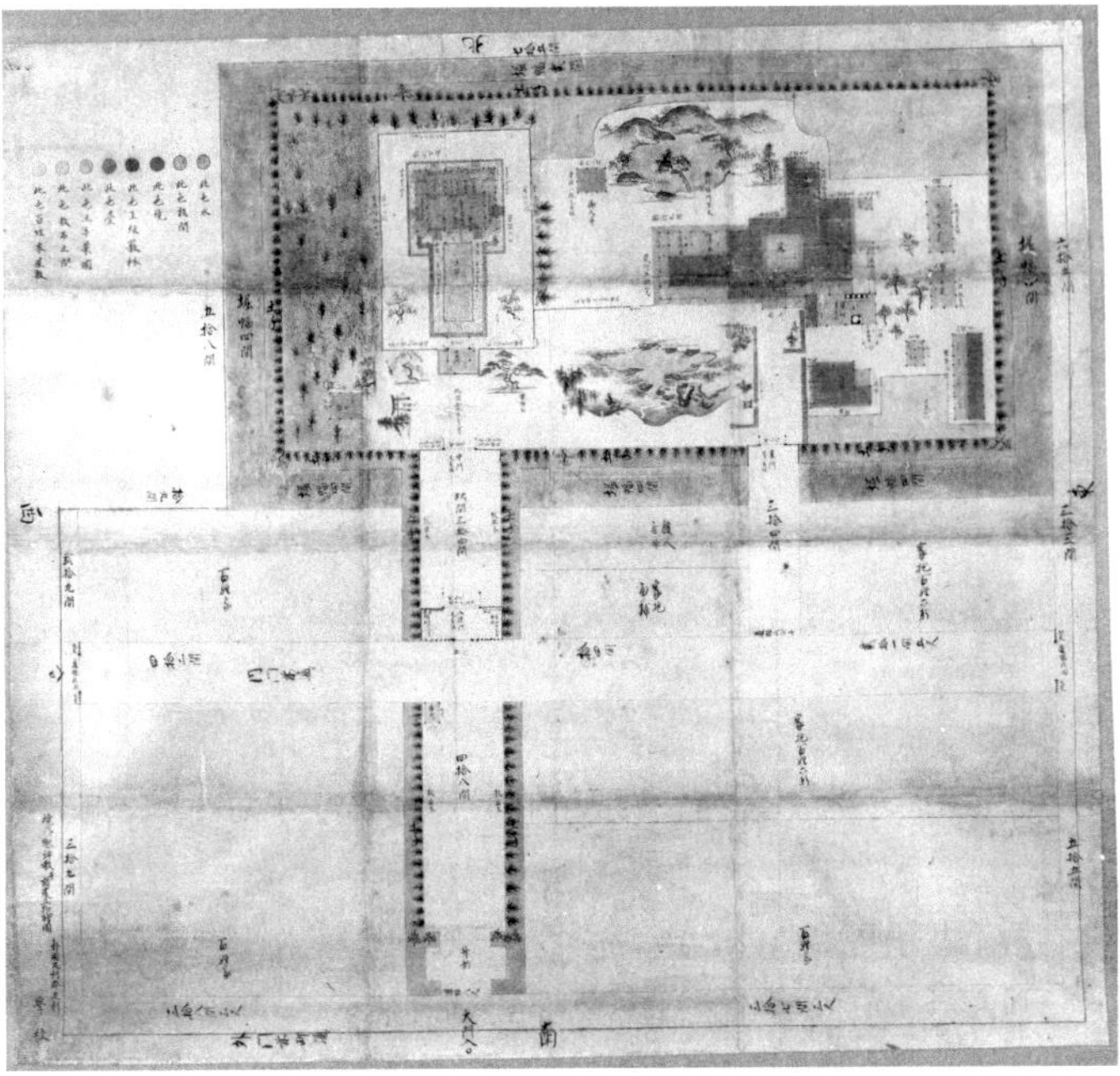

図15 「境内惣坪数并諸建立物絵図」
史跡足利学校蔵

幕府は寛政二年（一七九〇）五月、「朱学の儀は、慶長以来御信用の御事」と始まる「寛政異学の禁」を発し、同四年には、幕府医官多紀氏の塾・躋寿館《せいじゅかん》を正式に幕府の医学館として整備、医官の養成機関とした。

寛政異学の禁は、代々朱子学の学風を命じてきたのに「風俗を破り候」「異学」が流行し、「正学」が衰微していることから、林家の門人に朱子学を「正学」として励むよう命じ、大学頭林信敬《のぶたか》の湯島聖堂の学問所での講義や、役人登用試験には朱子学だけを行なわせるものであった。朱子学以外の儒学を禁じたのではないが、諸藩の藩校への影響は大きかった。ただ和歌山藩では力のある朱子学者を呼ばなかった。

寛政元年（一七八九）に徳川治貞が亡くなって襲封《しゅうほう》した治宝《はるとみ》は、吉宗の代に築かれた港の講堂を同二年に増改築、同三年に完成して学習館と改名し、同五年に規則を定め、朱子学を含むより広い意味の宋学を藩学とし、折衷学派の山本東籬《とうり》を督学に任じ、同じ学派の仁井田《にいだ》南陽、徂徠学派の菊池衡岳らを招いた。同年には江戸に明教館、文化元年（一八〇四）には伊勢松坂に松坂学問所を設置し、両校ともに学則は学習館に準じた。

享和三年（一八〇三）に学習館の規則を改定し、学問試験規則を制定、無役の下級家臣も成績次第で役付きにすると定め、家臣に対する儒学奨励と思想統制をはかり、寛政四年に本居宣長を招いて五人扶持で召し抱えた。

本居宣長の鈴の屋塾

宣長は享保十五年（一七三〇）に伊勢松坂の木綿商小津《おづ》家に生まれ、宝暦二年（一七五三）に医師を志して京都に遊学し、鍼灸を堀元厚《げんこう》に、医術と本草学を武川幸順《こうじゅん》に学ぶとともに、儒医の堀景山から儒学と古典を学んで国学に関心を抱いた。

宝暦七年に松坂に帰って医を開業、そのかたわら『源氏物語』の講義や『日本書紀』の研究に励み、『先代旧事本紀』『古事記』を購入するうちに賀茂真淵《かものまぶち》の書に出会い、国学の研究に入った。その本格的研究は明和四年（一七六七）に始まり、寛政十年（一七九八）の六十九歳の時に『古事記伝』として完成する。主張の根本は、漢籍による漢意《からごころ》を排し、「神の御所為」による神代に思いを致し、「すべて世間にある事の趣は、神代にありし跡を以て考へ知るべきなり」と、神代を基準に世間の様々なことを考えるべしというものである。

『うひ山ぶみ』は初学の人への入門書で、「道を学ばんと心ざすともがらは、第一に漢意、儒意を清く濯ぎさりて、やまと魂をかたくする事を要とすべし」と記している。人は「まことの道」を学ぶ必要があり、「まことの道」の正体は、日本にのみ伝わる「天照大神の道」であり、神道・有職・国史・和歌などの学問の道はそれを知るために必要であるとした。学問は持続させることが大切で、学び方はそれ程重要ではないともいう。

宣長は松坂に鈴の屋塾を開くと、宝暦八年六月から『源氏物語』や『伊勢物語』『土佐日記』などを講義し、四十年間あまり、医業のかたわら講義を絶やさなかった。入門者は国学塾の在り方として、皇朝の道を選び神を敬うこと、学問の封鎖性を拒絶して秘伝口授を申し立てないこと、同門相和して争わないことなどの誓詞を差し出し、束脩をそえて師弟の契りを結び、謝儀（授業料）を四半期ごとに払った。

講義は日を定めて晩食後、書物別に行なわれた。講釈が主で会読もあったが、初学者に相応しくないと考えていた。門人の大半が成人で各人が家業を有し、夜間の授業を好都合として、門人も増えていった。テキストの選択は門人側にゆだねられ、門人が何をどう学ぶのか、その対象の選択や決定、および方法のすべては、学習者自身の問題であり、学ぶのは「学問の志」、問題意識を鮮明化するところにあった。

通信教育も行なわれたので地方在住の門人が増え、地方から松坂に来て市中の旅宿に滞在して鈴の屋塾に通う寄宿生もふえた。鈴の屋は図のごとく多くの人を収容できなかった。鈴の屋で学び地方で塾を開く者もいた。美濃の田中道麿は門人が三百余、肥後の帆足《ほたり》長秋も私塾を開いて門人は数百人であったという。こうした開塾者の紹介で入門する者もいた。

「授業門人姓名録」によれば、門人の総数は四十三か国に約四百九十人、伊勢二百、尾張八十、京が二十名で、武士が七十九、医師二十八、僧二十六、町人が四十九名、百姓が十一で、女性門人も二十一名いた。

熊本の時習館と福岡の修猷館

和歌山から広島に移った浅野氏は、天明二年（一七八二）に藩主浅野重晟《しげあきら》が閉鎖していた藩校（講学館）の再開を企画、学制を頼春水に依頼し、翌年に城内約二千坪の二ノ丸屋敷に学問所を開所した。入学者は二百八十人、講釈の聴聞は農工商者にも許可し、学風は天明五年に朱子学に統一され、後に修道館と改称された。

「紀州の麒麟」と称された和歌山の徳川治宝の父治貞と並び、「肥後の鳳凰」と称された熊本藩の

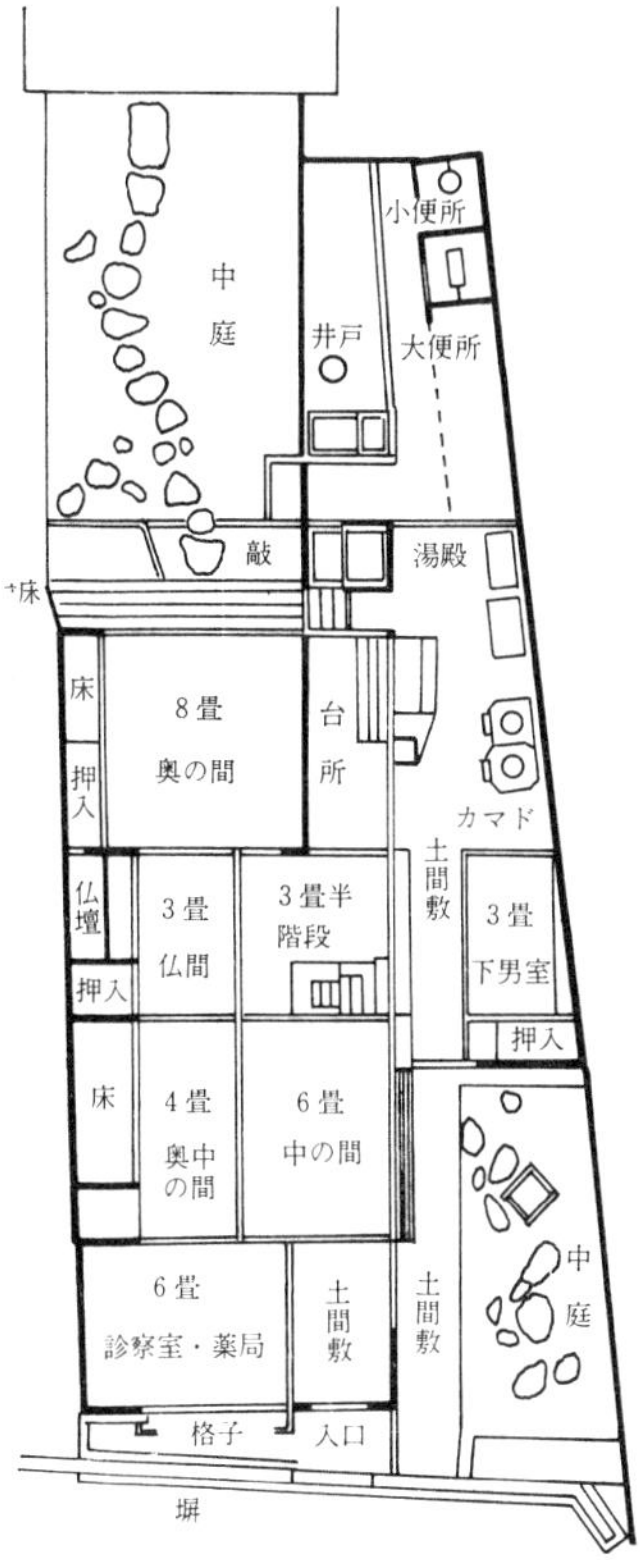

「本居宣長旧宅図」(記念館)、『日本の私塾』所収図などにより作成。
(1)階段の間もと4畳半。
(2)仏間もと4畳。
(3)奥中の間もと6畳の居間。

図16　鈴の屋塾の平面図
海原徹『近世私塾の研究』164頁

細川重賢《しげかた》は、宝暦二年（一七五二）に清廉有為の人材養成を考え、同四年、熊本城内の二ノ丸に藩校を設立、翌年に学寮を時習館、武芸所を東樹・西樹と称して文武両道の教育機関を開校、一門の長岡忠英《ただひで》を総教とし、教授に朱子学者の秋山玉山《ぎょくざん》をあてた。

士分以上の子弟であれば誰でも入学でき、優れた能力があれば百姓・町人でも、他国・他領の者も入学を許可、年齢や成績による進級制度、試験制度を採用した。入学は十歳前後で句読斎に入り、習書斎で字を習い、十六歳までに素読を終えて蒙養斎に進んだ。ここで文義を学んで進歩があると講堂に昇り、十八、九歳で講堂生となった。

勉学優秀者は抜擢されて居寮生となるが、経費は藩の費用でまかなわれ、学生は才に従って攻究し、その期間は三年一期、優秀者はさらに在寮できた。賞罰厳格の教育方針から、出精の者は藩主が表彰、学校の経費は文化年間に開かれた新田を充てた。宝暦六年に医師の教育機関として医学寮の再春館を飽田《あきた》郡宮寺村に創設、翌年、医師の村井見卜を筆頭教授として開校、講堂・薬草園を作り、明和八年（一七七一）に熊本城下に移した。

熊本藩の北の久留米藩では、天明五年（一七八五）に城外両替町に講談所を設け、やがて城内に移して修道館と称し、同八年に肥後の朱子学者左右田鹿門を教授としたが、寛政七年（一七九五）の学校焼失により、本格的設立をめざし、翌年に城内追手門内に新築、明善堂と称し、初代教授を鹿門とした後、二代目の樺島石梁が折衷学で教学の基礎をつくるが、その後、助教の本庄一郎が昌平黌に学んで純正な朱子学が学風となった。

時習館や再春館を設立した細川重賢について、福岡藩の亀井南冥は天明元年（一七八一）の『肥後物語』で名君と称したが、南冥は徂徠学派で詩文をよくし、福岡藩の御納戸組の儒医となり、天明四年に福岡城の東西に建つ学問所のうち西学問所（甘棠館《かんとうかん》）の館長となり、東学問所の修猷館の館長には、代々藩儒筆頭の家出身の朱子学の竹田定良が任じられた。福岡藩は学派を異にする学館を建て、藩士に選択させたのである。

上級武士の屋敷に近くにあった修猷館に対し、甘棠館は下級武士の屋敷近くにあったものの、開講三年後の表彰名簿によれば、上級武士も通っていた。南冥の「学問則政治」論の魅力によるものだが、その竹田定良との対抗意識が災いし、寛政異学の禁の影響で寛政四年に蟄居となり、同十年に火災で甘棠館が焼失して廃校、それとともに修猷館生は九百人となり、武道場が設けられた。

南冥は福岡で亀井塾を営み、塾からは因幡の稲村三伯《さんぱく》や岡研介ら多くの儒者や医者が育った。その三伯は、すでに述べたように江戸に出て芝蘭堂に入門、日本最初の蘭日辞典『波留麻和解』を刊行した逸材で、広瀬淡窓はここで学んだことの多くを咸宜園で実践した。

佐賀弘道館と琉球国学、中四国四館

佐賀藩の藩主鍋島治茂は、文武の振興に意を用いて藩風の刷新を志し、側近の石井鶴山を熊本藩に派遣し、時習館が人材育成により藩政改革を推進している有様を視察させ、帰藩し鶴山の復命をうけ、天明元年（一七八一）に城下の松原小路に「文武修行の学校」弘道館を設立した。

その前身は、藩主の鍋島光茂が城内の鬼丸に聖堂を建立し、綱茂が宝永五年（一七〇八）に聖堂内に講堂を設けて藩士の学問所として天縦殿と称したのに始まるもので、下級武士の「手明鑓《てあきやり》」を含む全家臣に入門を認め、教授には儒者の古賀精里《せいり》をあてた。

精里は身分の低い手明鑓であったが、藩主治茂に見出され、京・大坂に遊学し、帰藩して藩政改革に携わり、弘道館の学規・学則を定めてその基礎を確立、朱子学の教説に基づく藩内の統制をはかった。文化三年（一八〇六）に精里の子穀堂が「学政管見」を藩主斉直に提出、有為の人材の登用、教育の目的が国政に役立つ忠直廉潔の士の養成にあること、藩の役職には弘道館出身者を登用することなどを訴え、弘道館を藩の中心機関にすべく動いた。

琉球では琉球王府の尚温王《しょうおんおう》が身分制の弊害を排除すべく人材の養成をはかる目的から、高島親方の蔡世昌《さいせしょう》の建議を得て尚温王四年（一七九八）に学校を首里の中城御殿《なかぐすくうどぅん》に建て、「公学校所」と称し、翌年、当蔵村《とうのくら》に移し、同七年には龍潭《りゅうたん》池畔に移して「国学」と称した。尚温王は国学開校に際し「海邦養秀」という自筆の扁額を掲げ、学校の運営には按司奉行・親方奉行があたり、官僚から選ばれた教授が四書五経や唐詩の講義を行なった。

四国阿波の徳島藩では、藩主蜂須賀治昭が寛政三年（一七九一）に徳島城下寺島に学問所を創設、合田立誠・柴野碧海らの儒者が朱子学を講じ、讃岐の高松藩では安永八年（一七七九）に中野天満宮北に講堂に倍する規模の講道館を建て、藩士やその子弟に毎月六回経書を学ばせ、初代の総裁には後藤芝山《しざん》がなった。その後、洋学校が講道館中に設けられた。

丸亀藩では、藩校正明館が安永五年（一七七六）にその名が見え、寛政七年（一七九五）に城下一番丁の東に建てられ、孔子堂が併設された。懐徳堂の中井竹山に学んだ渡辺柳斎が教授として藩士の子弟を教え、同九年に藩主京極高中が「明倫」の額を掲げ、文政八年（一八二五）に城下風袋町に敬止堂を設けて渡辺杏林を教授に、藩士に限らず領民修学の場とし、同十年には江戸愛宕下の藩邸内に集義館を創設、儒者加藤梅崖を教授に月六回の講義を行なわせた。

山陰の松江藩では藩主松平宗衍《むねのぶ》が、宝暦八年（一七五八）に松江城下の母衣《ほろ》町に文明館を建て、桃《もも》源蔵（白鹿）を儒官とした。源蔵は文明館の傍らに書庫を建てることを建議し、毎年千貫文の予算で書籍を購入して学徒の便宜をはかった。また江戸藩邸内には文学所が設けられ、宇佐美恵助が学術を掌った。

天明四年（一七八四）に文明館を明教館と改め、勉学を奨励したので、聴講者は毎年、増加し、安永頃には三百七十余人に達し、教科課程も充実した。儒官には桃源蔵のほか原田周助・桃義三郎などがいた。藩主治郷の時には、漢方医学のために存続館、兵学を教授する大享館が設立され、松平定安の時に文武の教場を一か所にまとめて文武館と名付けた。

第五章　藩校と寺子屋の世界

彦根稽古館と加賀明倫堂、富山広徳館

諸藩が藩校を広く設立していったのは、藩政改革のための有能な人材の育成が目的であり、優秀な学者を招聘するようになった。それはほぼ全藩に及んでいて、数え方にもよるが、二百七十八校を上回る。なかでも西国三十余国の藩屛を自負し、京都守備にあたるのを使命と考えていた彦根藩の藩校は、寛政六年（一七九四）に藩主の井伊直中が建設した。

直中は覚勝寺の僧海量に萩藩の明倫館や熊本藩時習館を視察させ、同八年に家老以下の諸吏を御用掛に任じ、藩校を内曲輪の西端に同十年に上棟、十一年七月に設立の主旨を木俣土佐以下七人に伝え、名称を稽古館とし、九月に十四か条の規則を示した。

教職員は頭取以下すべて藩士、生徒は役付・御用掛以外の家中・知行取衆の家督、および部屋住みで十五歳より三十歳までの者は、必ず出校するものと義務づけられた。朝五ッ半（午前九時）か

ら四ッ半までは文事、正午の九ッ半から八ッ半（午後三時）までは武芸が伝授された。学風は、儒学は朱子学、国学は本居宣長の鈴の屋学派、素読・手跡（習字）に始まり、軍学・和学・礼節・天文・算術・医学・武芸の学科があった。

加賀百万石の金沢藩の藩校は、藩主前田治脩《はるなが》が寛政四年（一七九二）に城下の出羽町の約一万八千坪の敷地に文武の修業所として明倫堂と経武館を開き、藩士子弟のみならず「四民教導」のため「町在の者」まで入学を認めた。

明倫堂では、和学・漢学・医学（漢方）・算術・筆道・習礼・歴史・天文・暦学・詩文・法律・本草学の十二科を立てて教え、経武館では、弓・馬・槍・剣・柔・居合・組内・軍螺術などを、師範が門弟を率いて課業割に従って教えた。同六年には能美郡小松に、郷学の集義堂を設けて漢学・医学・算術の三科を立て、ここでも庶民にも入学を許可した。

明倫堂の生徒は創立当初は志願者二千六百余名に及んだが、正規の生徒は平均三百名内外で、学風は初代学頭の新井白蛾以来、朱子学を遵奉した。文政五年（一八二二）に明倫・経武の両校を城下西の仙石町の約八千坪の敷地に移した。

金沢藩に隣接する富山藩では、安永二年（一七七三）に藩主前田利与《よしとも》が、藩校広徳館を『詩経』の一節から名付け、城内総曲輪の地に建てた。儒官は昌平黌から招いた三浦衛貞・佐伯北溟らで、前代からの朱子学の学統である。教職員は学校総引受、学校掛・学校奉行・学校横目・学校方、祭主・学頭・都講・監生・助教からなる。

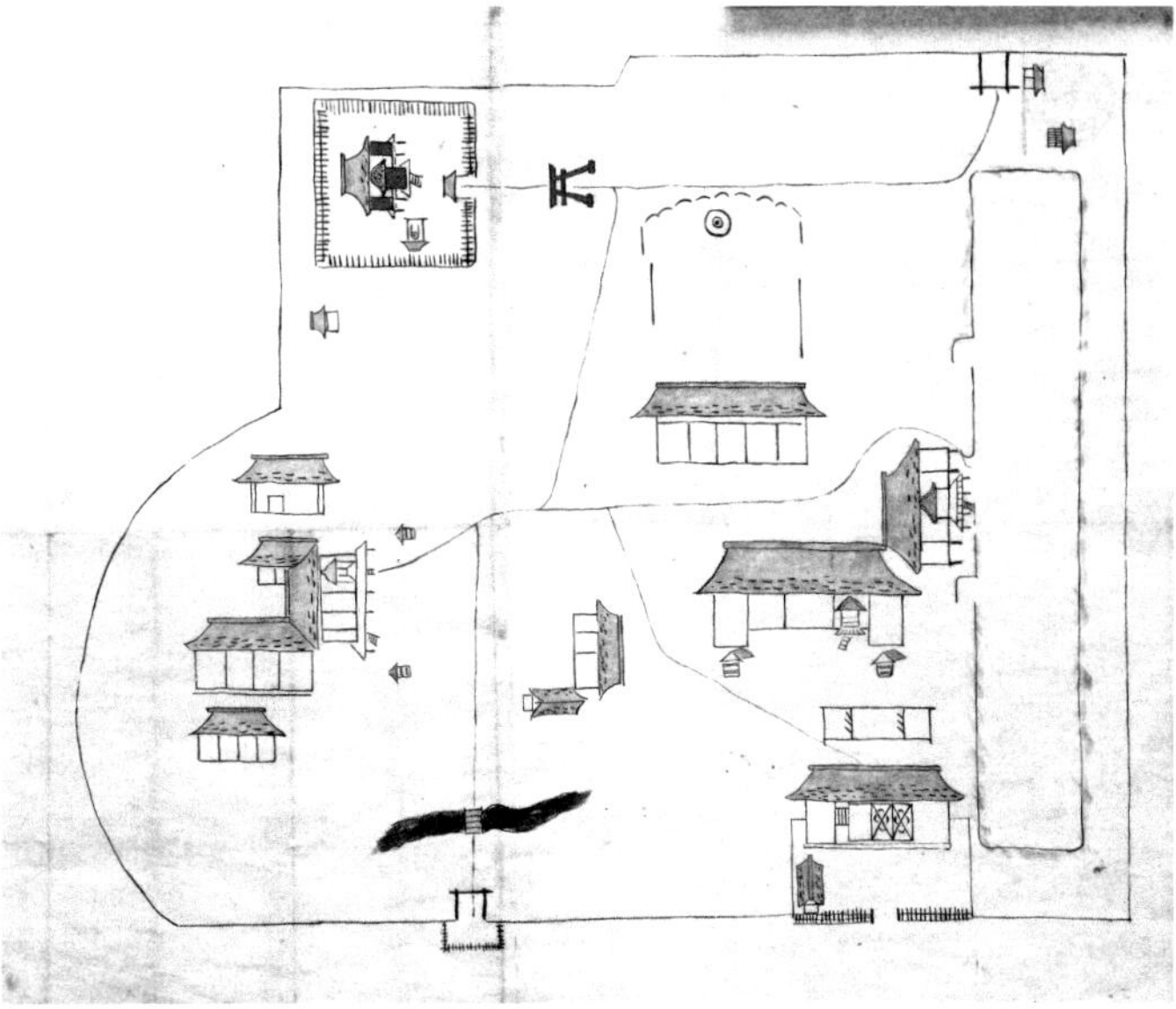

図17　明倫堂（図中左）と経武館（右）
「金沢藩学校絵図」
金沢市立玉川図書館蔵

文化七年（一八一〇）に校舎が総曲輪から三ノ丸西に移築され、文武の稽古所が分離されて本館一棟に文学、他の三棟には武術稽古にあてられ、藩士子弟を学ばせ、四百石以上の「高知組」の嗣子で十五歳以上の者には、三年間必ず入塾させた。禄が四百石以下の者には寄宿生を許し、正月十八日の講始めから十二月十八日の講終まで授業があって、優秀者には若干の学費が補助され、昌平黌などに留学させた。

道学堂と致道館の規模

越後の新発田藩は安永元年（一七七二）に溝口直養《みぞぐちすなおやす》が藩儒で闇斎門徒の佐藤復斎に学ぶなか、城中二の丸の西の門内に「講堂」一棟の藩校を立て道学堂と号した。広く武士や庶民にも、貴賤老少を含め、経書の講義を聴聞させ、藩士には役目にかこつけて欠席しないよう厳しく申し渡した。

一般向きの「講解」（講釈）は定日だけでなく、素読・読書の力を身につけた有志が集まり、輪講・討議する会（「講習」）がもたれた。こうして発足した道学堂は文政九年（一八二六）七月の改革で、家中士卒の幼年・少年を対象に読書と輪講の二等級制をとり、漢学のほか習字や算数を加えられた。

出羽の鶴岡に天明七年（一七八七）頃に訪れた松井寿鶴斎《じゅかくさい》は、天明九年に『東国旅行談』を出版したが、そこには庄内藩の鶴岡の祭が記されている。鶴岡の城下は、「諸職商人軒をならべ、売買の手をうち、または両替のそろばんの音を響かせ、誠に三都に異ならず」という「繁昌の土地」で

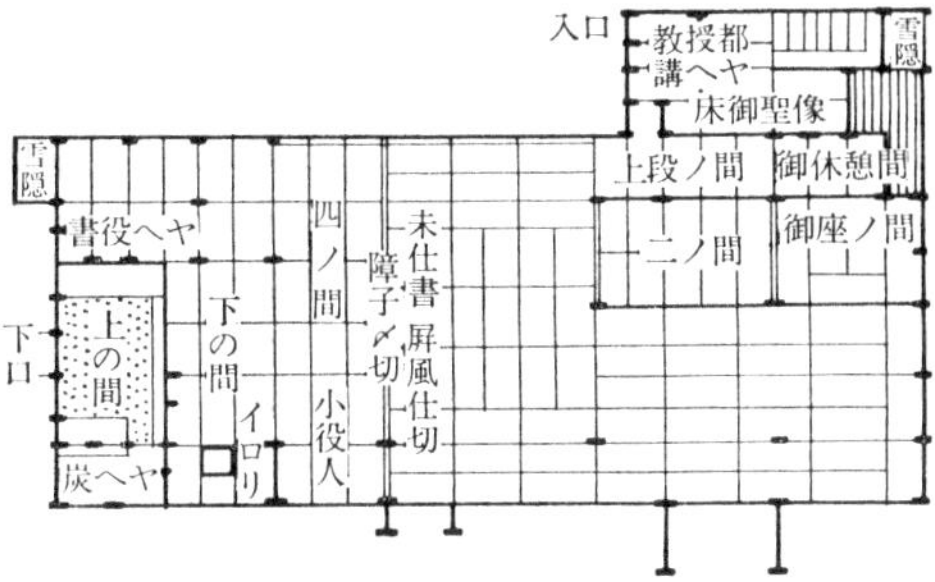

図18　道学堂
石川松太郎『藩校と寺子屋』56 頁

あって、七月七日からの盆踊りが、「夜ごとに踊をもよほす事、御江戸の祭礼のごとし。年々趣向、新たにして、音頭いづる。その唄文句に花をかざり、風流をまじへ、その妙筆に尽しがたし」と、江戸の祭と同じような賑やかさで、年々趣向を凝らして行なわれている、と記している。

鶴岡でも町人地の家数の増加が明和・安永期に顕著であって、寛文・元禄期に城下に広がった盆踊がこの時期には組踊として盛んとなり、この祭礼を担う町人が繁昌の主役となっていた。そうしたなか、寛政十二年（一八〇〇）八月に庄内藩主の酒井忠徳《ただのり》は、家老の服部円蔵と郡代の白井矢大夫を学校御用掛に任じ、幕府の大学頭の林述斎の指導のもと、四年後の文化元年に致道館を完成、翌年に開講した。

教育方針は藩主からの布達九か条で示され、生徒の個性に即した教育を行なって素質をのばすよう努めること、詩文を重んじ白文を読むようしむけること、西漢以前の書を講究させることなど、徂徠学派の特徴がよくうかがえる。

文化十二年（一八一五）に藩主忠器《ただかた》は三の曲輪の馬場町に

移して、会所（政務所）と学校とを統合させ、等級制により、学力の進展で教場を移り変わるようにし、自習室も設けた。生徒は句読生・繰揚生（終日詰生）・外舎生・試舎生・本舎生の順で試験などを経て進級した。

十歳から十四歳までの句読生は、徂徠学派の考えに沿って句読所の西の間で孝経・論語・詩経・書経・礼記・大学・中庸・周易を書学、句読し、続いて中の間→東の間→北の間の順序で進級、句読卒業生となる。十五歳以上の繰揚生や外舎生・試舎生・本舎生は、読書・会読・作詩作文などの自由学習が中心であり、教科書は左伝・国語・戦国策・史記・西漢書・唐詩選などを中心にした諸子百家の書物である。

秋田藩・弘前藩・仙台藩の藩校

秋田藩の明道館は、寛政元年（一七八九）に藩主佐竹義和が京都や江戸から儒者を招いて建学にあたらせ、同年九月に東根の小屋の地に上棟、五年に明道館と命名、祭主以下の学職を任命し、文化八年（一八一一）に明徳館と改称された。

館内に聖廟を設け、演武局・養寿局（医学館）を設け、和学方・算法方・礼法方を整備し、文場を東西両学に分け、東学では十五、六歳までの初級者に素読・算術・習字を教え、西学では詩経・書経・礼記・易・儀礼・春秋・周礼の七局を立て、各曲ごとに教授数名をおき、十六歳以上の学徒にそれぞれ専門一科の経書を専攻させた。藩士子弟は必ず明徳館で修学することとされ、士族の嫡子で出仕する節には必ず四書の素読済証を要した。

教職員は総裁・祭酒・文学・助教各一名、ほかに教授・教授並《なみ》が十数名いて教導、経費は学田で

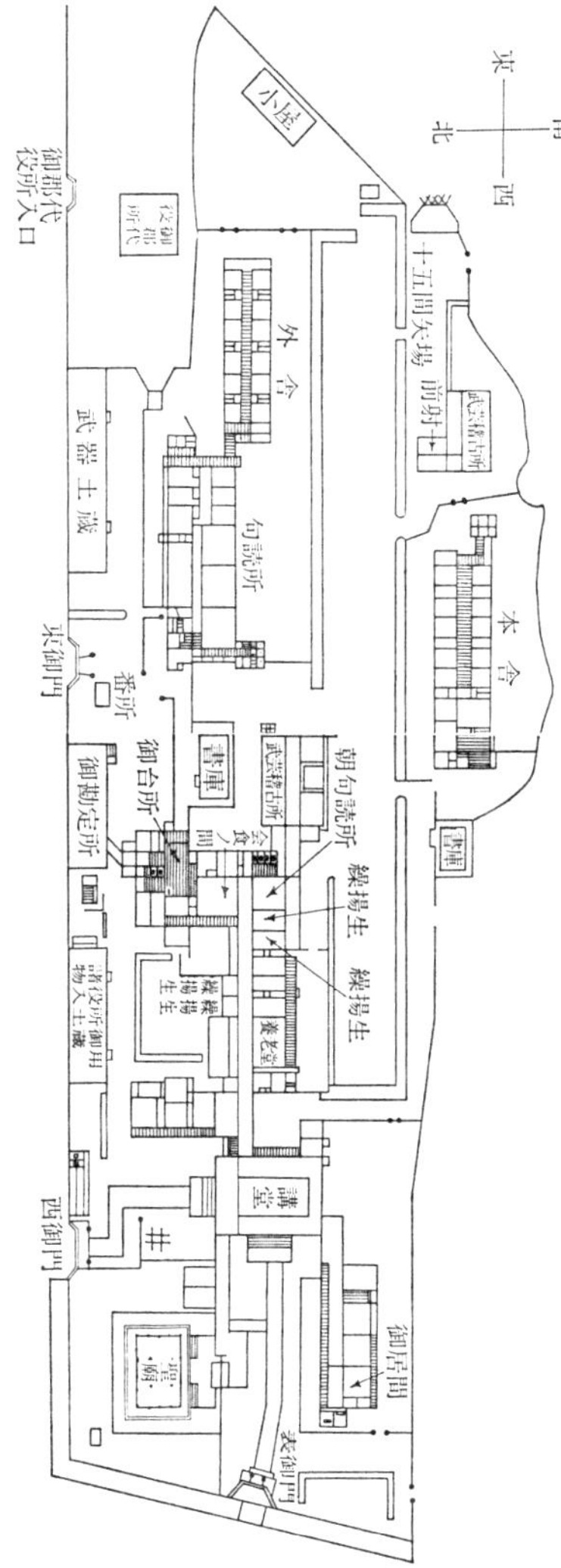

図19　致道館
石川松太郎『藩校と寺子屋』62頁

補い、学風は折衷学派の藩儒が主流をなし、国学も早くから教授された。領内には十か所に郷校が設けられ、江戸の下谷の藩邸内にも学問所日知館が設けられ、藩士子弟の教育にあたった。

弘前藩は寛政六年（一七九四）に藩主の津軽寧親《やすちか》が医学校教官を任命、同八年に馬術・武芸各派の学校御用掛を任命し、六月に諸学問の学頭を任命、津軽中書・山崎蘭洲・葛西善太らに命じて稽古館を開校し、百人の藩士の子弟らに入学を許可した。同時に医学校も設立、武術各派の師範が任命され、九月に道場が完成したが、やがて学校支配下に入り、江戸藩邸にも学館の弘道館が設立され稽古館は総合的大学となった。

だが北方警備の負担によって財政が窮乏し、学校経費が三千石から五百石に減額されて道場は廃止され、文化五年（一八〇八）に学校も縮小されて三の丸に移るが、これより先に江戸弘道館も廃止となった。学風は古学から宋学に改められ、文政二年に弘道館が再開された。

仙台藩は、藩主伊達吉村が奉行の遠藤守信や蘆東山《あしとうざん》の提案を財政窮乏で受け入れなかったが、享保二十年（一七三五）に高橋玉斎《ぎょくさい》が提出した、将軍吉宗の政治との関わりに触れた上書により、翌元文元年に武澤源之進の居宅に修理を加えて学問所を創設し、玉斎を学問所師長とし、孝経・小学・四書・五経の素読、およびそれに『近思録』を加えた儒者の講釈を行なった。

生徒は素読生と講義生からなり、経学中心の簡素な組織と教育内容であったこともあり、数年すると衰微が目立ち、儒役の出席さえなく講釈が行なわれないこともあった。そこで吉村の孫重村が宝暦十年（一七六〇）に学問所を城下に移して規模を拡大、「書会」を課業に加え、安永元年（一七

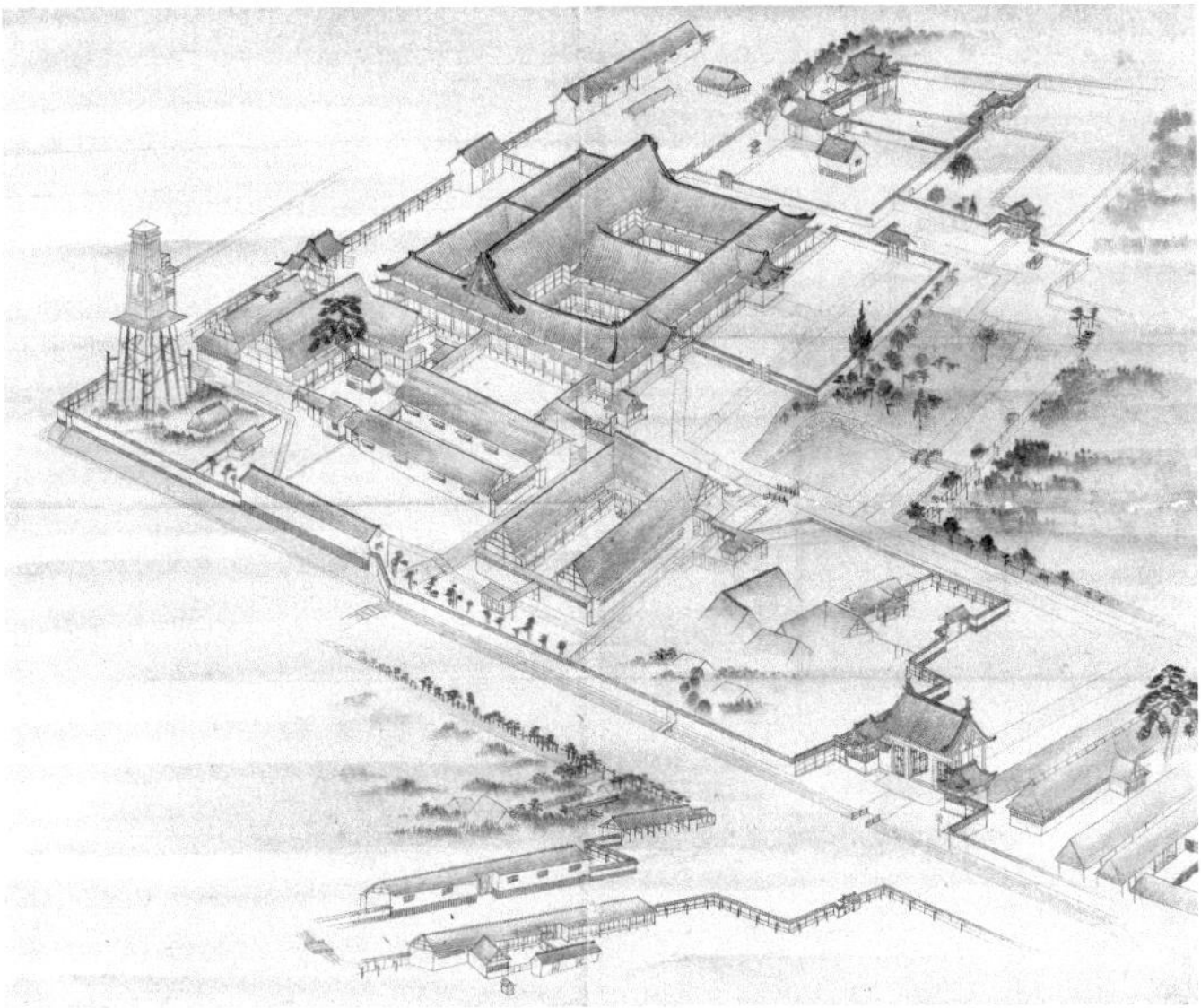

図20　仙台養賢堂
「仙臺府學養賢堂圖」
宮城県図書館蔵（CC BY-ND 4.0）

七二）に養賢堂と命名し、家老の芝多信憲《しばたのぶのり》が学頭寮と書庫を造営し、闇斎学派の田辺楽齋《らくさい》を学頭に任じ、素読・講釈・会読が行なわれた。

文化八年（一八一一）に学頭の大槻平泉《おおつきへいせん》が漢学のほか習字・算数・礼の学科を立て、翌年に教科書出版の御蔵板頒布所を設けて、兵学・剣術・槍術をとりこんだ文武にわたる藩校となし、試験制度もしいた。同十二年には、それとは別に城下の百騎町に医学館が生まれ、八年後に蘭方科が創設されている。

同十三年に講堂の建築が始まり、翌年に大講堂、手習所が落成、その翌年には文庫・版木蔵・学寮も完成した。これらの建築を推進した平泉は、昌平坂学問所で学び、江戸で大学頭の林述斎、若年寄の堀田正敦の意見を聞いてそれを参考にした。

東に聖廟、中央に講堂、西に学校諸役人の詰所、東西の学寮、南北の手習所、学頭住宅があり、その西に火見櫓・御蔵板頒布所・文庫・版木蔵、南側に南学寮と剣槍術場がある。

興譲館と日新館

出羽の米沢藩は明和四年（一七六七）に藩主の上杉治憲が倹約や産業開発など藩財政の建て直しにあたった。宝暦十三年（一七六三）から尾張の折衷学者・細井平洲に学問を学び、安永四年十二月に「文学之事は治国の根元」という考えから、藩校の興譲館《こうじょうかん》創設に動き、翌年の四月に城下の元細工町に落成した。

儒者の片山一積の片山塾を補修し拡充したもので、正面奥に聖堂、右に文庫、左に講堂、学寮が二十室、食堂などがあり、提学二人（片山一積・神保綱忠）のもと「定詰勤学生」二十名を藩士の子弟から選び、学頭・書籍方をその中から任じて学政に参与させた。

彼らは三年間寄宿して勉学に精励し、寄宿代は無料だが、定詰生の塾に寄宿する寄塾生はすべて自己負担であった。講義は月六回で、一般藩士も参加を許され、月三回は定詰生と童生には礼式の作法を学ばせた。定詰生の心得十か条では、席順は身分の上下によらず長幼の序によることとされ、休暇は月六回で帰宅を許され、塾中の飲酒は禁止であった。

寛政四年（一八九二）に医学館を国産会所に設け、同八年に教授法の一部を変え、学館内に「友于堂」を設置し、教師に読長一人と助生十二人を置き、同十年には試験は内試業、本試業、御前試業とされた。

会津藩は稽古堂が廃校になった後、藩主松平（保科から改姓）容頌《かたのぶ》が家老田中玄宰《はるなか》に藩校の建設を寛政十年（一七九八）に命じ、日新館と命名され、享和三年（一八〇三）に会津藩御用商人の須田新九郎の新築経費の寄付で会津若松城の西隣に校舎が完成した。

教科は文武両道にわたり、文道では漢学を中心に和学・神道・算法・習字・習礼・天文・医学・洋学があり、茶の湯の稽古寮もあった。藩士子弟は必ず入学して所定の課業を修め、在学生は千人を下らなかった。上級藩士の子弟は十歳になると入学し、十五歳までは素読所（小学）に属し、礼法、書学、武術などを学び、成績優秀者はさらに講釈所（大学）への入学が認められ、優秀者には

図21　会津日新館
津田勇編『藩校・塾・寺子屋』
27頁所収

江戸や他藩への遊学が許された。教授する司業は三十余名、素読を授ける誦師・誦師補、和学・神道・習字や諸武芸には専門の師範がいた。

七千余坪の校内には文武の教場が整備され、中央に聖堂、東に大学（講釈所）・文庫があり、門の両側に東西両塾があって、その東塾に三礼塾・毛詩塾・習書塾・和学神道寮・居寮があり、西塾に尚書塾・二経塾・医学寮・天文数学礼式寮・習書寮がある。さらに武学寮、諸武芸稽古所、水練水馬池、射弓亭、放銃場・天文台・開版所・師範住宅もある。

この大きな規模の学校の諸経費は、藩主からの五千石によるもので、学風は徂徠学や折衷学も行なわれたが、朱子学が中心であって、保科正之の『玉山講義附録』や小学・近思録・四書などの教科書が出版され、『日新館童子訓』も刊行されて幼童の必須書とされた。

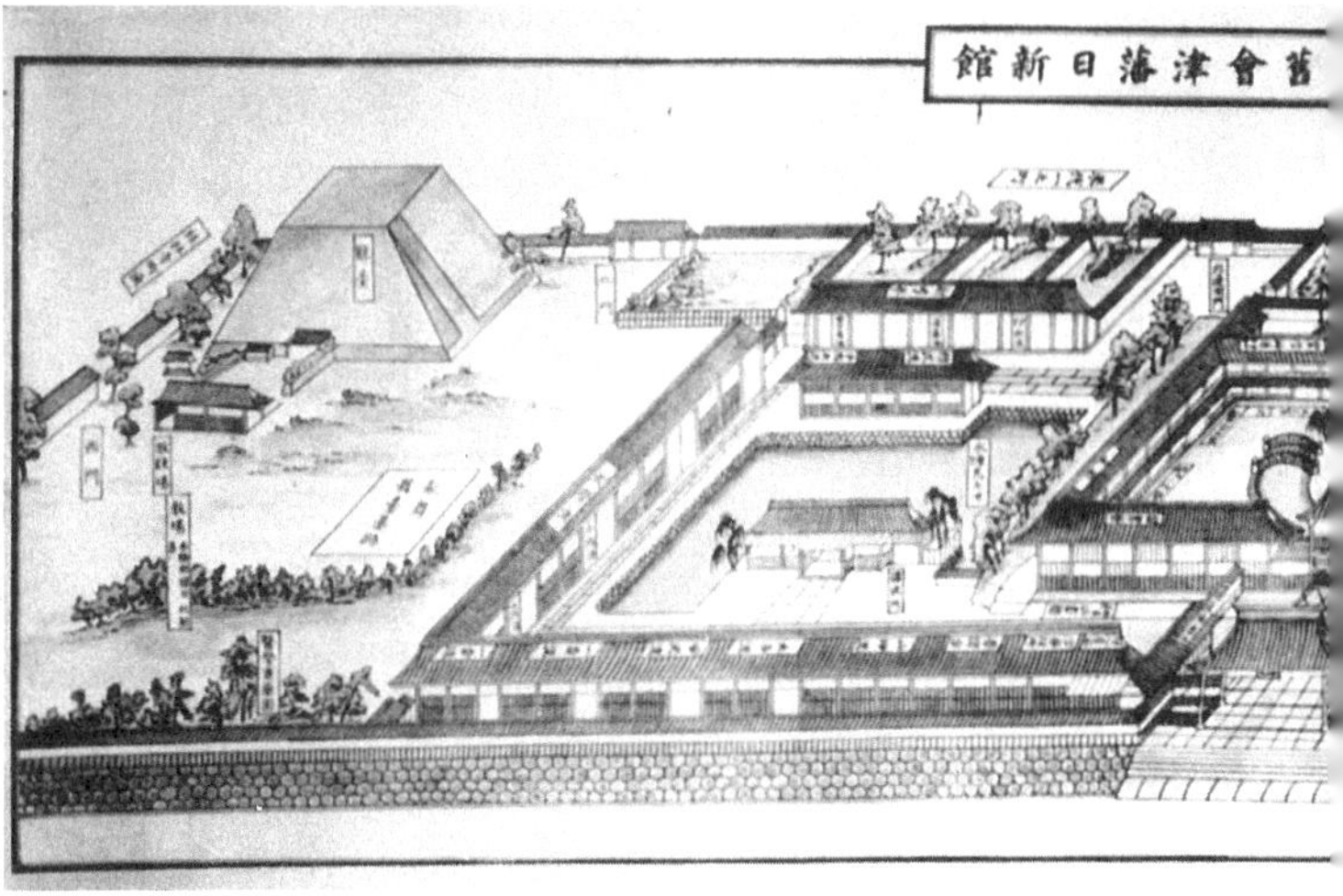

また士分格以下の下級藩士町人子弟の学ぶ青藍社が元禄二年（一六八九）に、友善社が天明八年（一七八八）に設けられて、日新館の管下に置かれ、その学科・修行法は日新館に準じたが、文政三年（一八二〇）からは身分の低い歩卒や町人の入学は禁じられた。

崇教館・明倫堂と湾岸二館

伊勢崎藩は安永四年（一七七五）に藩主酒井忠温《ただはる》が江戸の儒者村士玉水《すぐりぎょくすい》を呼び、学問所を西小路に設けて学習堂と名付けて玉水とその門人を教授として講説させた。教科は漢学・習礼の二科で、教科書は小学・四書・五経・近思録・左氏伝・国語・十八史略・史記・漢書などを用い、学風は佐藤直方に属する玉水の流れにあって、闇斎学を遵奉した。

藩主忠寧の時、領内の庶民教育を奨励し、文化年中に私塾三孝舎や五惇堂など領内にある六つの私塾を援助し、学習堂から教官を派遣して農民の教化にあたらせた。

信州松本藩は藩主戸田光行が寛政四年（一七九二）に崇教館設立に着手、翌年に敷地四百坪、建坪百坪の三ノ丸柳町に開校した。板葺き平屋建で、講堂・聴聞間・書学堂・活字屋、職員の小部屋、射場、門脇に戸田流道場があり、教職員は惣教、学校掛、主事、学館目付、行儀世話役・下働き・茶番・教授・助教・訓導・書学世話掛、句読師らからなる。

教科は漢学・槍術・兵馬・砲術・遊泳で、授業は十三経を教え、素読・聴講・輪講が行なわれ、和漢史類は独読、力量に応じ詩文章の作文が課され、書学堂で和漢両様の字体を学ばせ、兵学七書は儒官が講釈、武術は射場、道場で行なわれた。

日課は午前に読経・性理治通書、午後に読経と刀鎗術（または読史）が組まれ、惣教は月番に一度ずつ稽古と手習の清書を見、年末に大試験があった。生徒数は文政年代に六十人、文久以後二百五十人となる。

尾張藩の藩校は好学の藩主徳川義直が学問所を建てたのが起源で、藩校として整えられたのは天明三年（一七八三）に開校した明倫堂である。藩主宗睦が庶政刷新の一環として片端《かたは》長島町角の御国方役所跡に設け、中西淡淵門下の細井平洲を総裁、後の督学に迎え、学館主事に深沢仙右衛門、都講に岡田新川・関元洲を迎え、同五年に東隣に聖堂を創建し、家中に聴聞を命じ、百姓町人にも聴講を許した。

朱註による素読が主体で、学生は七十名内外、平洲以後、沈滞気味であったが、文化八年（一八一一）に督学となった冢田大峯が戒約五条、撰挙科目を制定して、朱註を退け、古学中心の『孝経』以下十三種のテキストを用いると、学生も四百ないし五百名にのぼった。

伊勢の津藩では藩主藤堂高兌《たかさわ》が養蚕を奨励する一方、文化十二年に学文寄合稽古場を計画、文政元年（一八一八）に藩校の創建が具体化して、有造館が同三年に津城東南四千坪余の地に開校、読書手習の養正寮、整暇堂ほかの武芸教場と医学寮を擁した。督学は津阪孝綽《つざかこうしゃく》、石川之褧《しけい》以下に続き、文政四年には伊賀上野に支館として崇広堂が建ち、儒学中心の有造館に対し、作詩・作文の文学を教えた。有恒寮が付属し、同五年に講堂、同九年に兵学稽古場が開かれた。

それぞれ特色ある藩校が開かれたが、極めて稀なことに藩校の様子が絵に描かれたのが三河田原藩の成章館である。文化七年に藩医の萱生玄淳《かやおげんじゅん》の献策によって桜御門前の広場に創設され、翌八年に成章館と命名された。財政窮乏が深刻で、天保三年（一八三二）に渡辺崋山が家老になって藩政の刷新に取り組み、同九年に伊藤鳳山が文学教授として赴任して内容が充実、蘭学の鈴木春山、砲術の村上範致らの人材を輩出した。

渡辺崋山の子小華に師事した井上華陵が成章館を『成章館行事』に描いており、それには正月の藩主臨席の稽古始めから四季にわたる藩校の行事が描かれている。孔子廟を前にした正月一日の釈奠の準備、正月十一日の御具足開き、大広間での講釈の図などがある。掲げたのは教師が藩士の子弟に字の読みを教えている図である。

昌平坂学問所

会津の日新館などが朱子学を中心にしたのは寛政異学の禁に応じたもので、幕府は儒官の柴野栗《りつ》山《ざん》・岡田寒泉《かんせん》を湯島聖堂の取締御用に任じ、尾藤二洲《じしゅう》や古賀精里を招聘し、荒廃していた聖堂を改築した。柴野栗山は讃岐の後藤芝山《しざん》に学んで昌平黌《しょうへいこう》で教えを受けた儒者、岡田寒泉は小普請から幕府儒官となっていた。尾藤二洲は伊予出身で大坂に出て朱子学を頼春水らに学び塾を開くなか登用された（寛政の三博士）。

寛政五年（一七九三）に学規と職掌を定め、生徒の教育をつかさどる員長・司講・司監の教員、司計・司籍・司漏・司記・司賓の事務職員の八つの職制を制定した。員長は生徒の教育にあたり、毎日学舎を巡視、司講は講解師・司塾師・授読師に用いられ、司監は勉学を励ますため日に二回学舎を巡視し、司計は会計掛、司籍は図書掛、司漏は時報掛、司記は記録掛、司賓は賓客の応接掛であった。授読師は庁堂のうちに稽古所を設けたのと相俟って、御座敷講釈や講義のほかに生徒の学力を養う「教室」において、「教育」を行なうようになった。

学規で「入学」の規定を設け、僧や商工業者、楽伎、優雅の入学を許さず、士人でも不行跡なものは認めなかったが、年齢制限はなく、諸藩士や陪臣の子弟をこばむ条項はなく、直参のみならず藩士・郷士・浪人にも聴講・入門を許可した。

ところが寛政九年に林家の家塾から切り離して幕府の正規の学問所（昌平坂学問所）となしたと

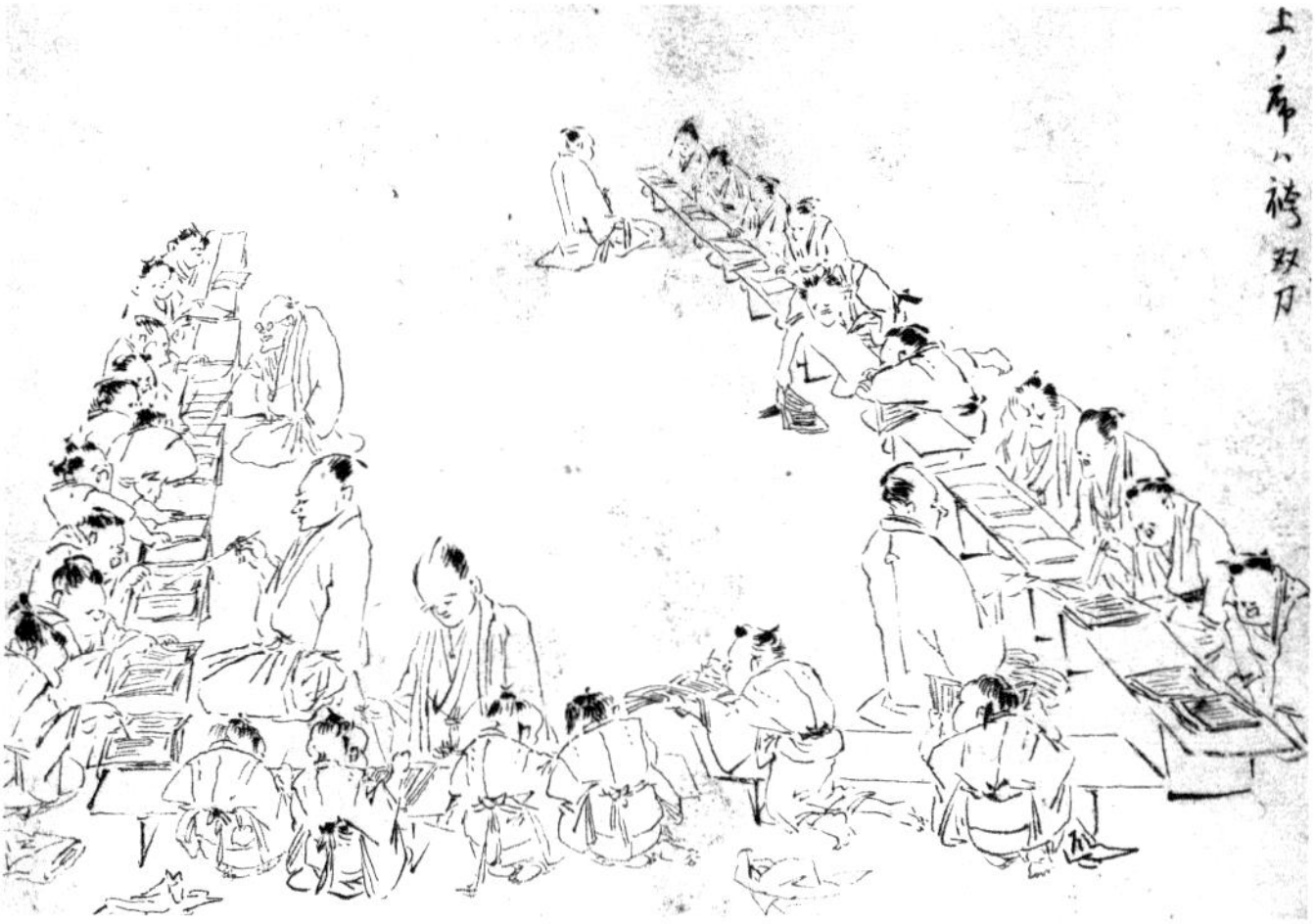

図22 『成章館行事』より
津田勇編『藩校・塾・寺子屋』131 頁所収

ころから大きく変化し、「お目見え以上・以下の子弟の御教育これあるべき学問所」とされ、寄宿や通いは「勝手次第」とされた。寛政十二年に校舎の新築が完成すると、「聖堂御改正教育仕方」を定め、素読のための授読所と会読・輪講・講義の行なわれる稽古所が用意され、公開講釈は直臣に開放する御座敷講釈と、百姓・職人・町人まで出席できる日講からなった。書生寮を設け収容する寮生の定員は三十人限りで、そのうち二十人はお目見え以上で四書・五経の素読を終えたもの、残りはお目見え以下で四書の講義を終えたもの、寄宿人の手当・扶持は学校が負担した。

　諸藩の藩士のなかには昌平坂学問所に通うものが多く、それは総藩数二百七十六藩のうち百八十藩に及んでいた。国元に藩校を建て、江戸にも藩邸内に学校を設けることがあり、和歌山藩の明教館や弘前藩の弘道館がその例である。こうした昌平坂学問所の教育の行なわれた寛政から文化・文政年間にかけ江戸ではどんな教育が行なわれていたのであろうか。

江戸の教育事情

練塀町《ねりべいちょう》の市川塾、御徒町《おかちまち》の犬塚家塾のような私塾もあったが、圧倒的に多かったのが手習所（寺子屋）である。文化初年頃に江戸を描く『熈代勝覧《きだいしょうらん》』には、武士やその従者、店舗や町屋に出入りの人々、商人や職人、振売や読売など路上の商人、買い物客、肉体労働者、按摩、虚無僧、辻占い、芸能者、身体障害者などに交じって、手習所に通う子が描かれている。

式亭三馬の文化四年（一八〇七）刊の『浮世風呂』に見える会話からは、女子・男子の芸事が知られる。町家の妻女が語る娘の日課は、朝起きたら「手習いのお師さんへ行て」「それから三味線のお師さんの所へ朝稽古」、朝飯を食べ、踊りの稽古、そして手習に廻る毎日であったという。

『浮世床』には、八歳の娘を手習に通わす町家の妻女が、「三ばん目の兄どのは又、合巻とやら申す草双紙が出るたびに買ひますが、葛籠《つづら》にしっかり溜りました。ヤレ豊国が能の、国貞も能のと、画工の名まで覚えまして、それは、それは、今の子どもの巧者な事でございますよ」と、自分の子どもの頃とは違い、息子が絵双紙を買い求め、その絵師の名まで覚えていると語った。

文化七年刊の柴村盛方《しばむらもりかた》の『飛鳥川』は、「昔、手習の町師匠も少く、数える程ではなし。今は、

図23　家塾の図
沖田行司『日本人をつくった教育』106頁所収

一町に二、三人づつも在り」と記し、手習の師匠が増加して手習所が広がっていることや、「近来は素人の町家、後家のくらしよしと見へて、多く町々に有り。女筆指南も多し」と女師匠も多くなっていたという。文政四年（一八二一）刊の朝川善庵の『済時七策』には、「昨日まで魚菜商内いたし候ほどのものも、今日は手習い師匠と姿をかへ、芸の塾・不熟に頓着なく門戸をはり候」とあって、生計の足しだけに営むものも出ていた。

寺子屋の増加と関連があるのが出版事情で、『熈代勝覧』には書物問屋が描かれている。須原屋善五郎の店の隣の土蔵の前に広告札「はいかひ明題集」「江戸砂子続編」が貼られ、須原屋の一統の市兵衛店の広告札には「御絵さうし」「狂歌集」「南郭先生詩文集」とある。出雲《いずも》寺《じ》和泉掾は公儀御用の書肆らしくその広告札には「江戸大絵」「太平武鑑」とある。

多くの本屋が扱ったのは洒落本・草双紙・読本・滑稽本・人情本・咄本・狂歌本・浮世絵版画などであったが、『浮世床』からはどんな人が本を読んでいたのかがわかる。親方の鬢五郎は『大学』などの古典や川柳・洒落本・俳諧などの当世本、『実語教』などの寺子屋のテキストを、来客の長屋に住む隠居の素読先生は書物をよく読んでおり、「土龍」「蛸」ら町人はさまざまな書物を読み、「松」「ちゃぼ八」らの職人・行商人は、読本や大道芸、浄瑠璃を楽しみとしていた。

江戸には草紙類の制作と販売、卸をする地本《じほん》問屋が寛政二年（一七九〇）に二十軒、翌年に板木屋の仲間が幕府に公認されて摺物を制作し、貸本屋十二組六百五十六軒が文化五年（一八〇八）に幕府から仲間結成を命じられた。これらは書籍取締りに基づくものであったが、それだけ多くの本が出版されたことを物語っている。

寺子屋の普及

信州での寺子屋の広がりは目覚ましいものがあった。佐久郡片倉村の村役人依田惣蔵の記した宝暦十年（一七六〇）の「家訓全書」は、読み書き算用を第一にすすめ、手習の必要性を説き、木曽の藪原村の原弥三郎も寛政三年（一七九一）の家訓で「男女によらず、手習・学文をよく習わすべし」と記している。

寛政元年（一七八九）、幕領中之条代官の野村八蔵は、法度や五人組長を手本にして「手跡指南」

の者に習い覚えさせるよう、村役人に命じている。手習は為政者の要請でもあった。同四年の「教導壁書」も、幼年の者には手習をさせ、算盤を習わせ、家産が相応にあるものには、少しずつ学問をするよう命じている。佐久郡奥殿領入沢村の三石善右衛門の『年代記』によれば、手習を始めたのは安永五年（一七七六）の九歳の時で、寛政二年（一七九〇）に「隠居様」から手習を受け、「古文」を習うようになったという。

信州での教育熱は高まっており、信州の寺子屋の師匠の数の調査によれば、宝永二年（一七〇五）から延享元年（一七四四）の四十年間には六十六人だったのが、延享二年から天明四年（一七八四）の四十年間に百九十七人に増え、その後の文政七年（一八二四）までの四十年間に九百八十六人と激増している（『長野県教育史』）。

信州の隣りの上州桐生で買次商を営む田村林兵衛の妻梶子が文化十二年（一八一五）に開業した寺子屋「松声堂」は、寺子が百人程、八・九歳より十三、四歳までの男女を教えた。その教えを受けた「いと」は八歳で「登山」、学習は手習に和歌や和文を教えられ、行儀作法や躾が厳格だったという。テキストは『消息文例』『国尽女文章』『都路往来』など、師匠が筆写したものが使われ、いとは六年在籍して「下山」した。

弟の元次郎は、九歳の二月六日の初午の日に「登山」、その日は親子ともども晴れ着姿で師匠の前で束脩（入門料）を差し出し入門の儀をすませ、元次郎は師匠直筆の「いろはにほへと」の四十八文字の書かれた大判の折り手本を与えられた。学習はそのいろは文字に始まり、『名頭字尽《ながしらじづくし》』『村名尽』『国尽』『近道子宝』『消息文例』『妙義詣』『商売往来』『泰平江戸往来』の順で進んでゆく。生活中心の実用性を重んじたテキストである。

『名頭字尽』は源平藤橘など歴史上の人物の名の頭字からなるもので、多くの本を読むのに適し、『泰平江戸往来』は商家に必要な心構え、読書や算盤などの金銭感覚や商売の秘訣を説いており、桐生の土地柄がうかがえる。元次郎は素読塾にも入門し、漢詩文や四書をも学んだ。

文化十三年（一八一六）刊行の滝沢馬琴の『南総里見八犬伝』は、対照的な手習師匠の姿を描く。一人は物語の主人公の犬塚信乃の父番作で、村人から空家を提供され、衣食の料に田畑もあたえられたので恩に報い、子どもたちに手習を教え、年老いた後も「水旱の準備、荒年の夫食、すべて農家日用の事」を書いて「里老」に渡した。

もう一人は番作死後に村に来た浪人の網乾左母二郎で、「草書拙からず、しかのみならず遊芸は、今様の艶曲、細鼓、一節切《ひとよきり》など、習ひうかめずということなし」と、遊芸に秀で、村人に手習・遊芸を教えると、浮いた伎を好む者が遊芸を教わって風紀が乱れたという。創作とはいえ各地を歩いた馬琴の見聞に基づく話である。

描かれた寺子屋

寺子屋は様々に描かれた。よく知られている「寺子屋の図」は、大広間に師匠が座り、その前には幼子が座り、多くの児童が机を前にして、多くは向かい合って習字をしている。このような大規

図24 「寺子屋の図」
石川松太郎『藩校と寺子屋』口絵

模な寺子屋は江戸や京・大坂などの三都に見られるものである。安永年間に京都で開設された西谷篤志軒の「篤志軒」は最盛期には五百人近くいたという。

子どもたちはみな正座しており厳しい躾を受けている。毎日の日課は「五ッ時」（午前七時頃）から「八ッ時」（午後二時）までの七時間が一般的で、下校時を「お八つ」と称したので、空腹で帰宅しての間食を「おやつ」と称するようになった。午前は読み書きで、午後から男子は算盤が、女子は琴や三絃、裁縫がある。躾が厳しいだけに、狂歌「内にゐて四文四文がうるさいぞ　師匠へやれば、そのうちは楽」とあるように、駄賃をせびる子を寺子屋の師匠に預けて親は楽ができた。

このような大きな、厳しい寺子屋は珍しく、むしろ渡辺崋山が描いた『一掃百態』の寺小屋のような存在が一般であったろう。師匠の前の板の間に座って本を読む子や、学習に飽きて机に向かい頬杖を突く子、大あくびをする子がおり、果ては喧嘩までしている。

崋山は藩士の家に生まれ、家計が窮乏のため内職で得意の画筆を振るい、文政元年（一八一八）に『一掃百態』を描いて風俗写生に才を発揮し、洋風画法も摂取した。天保二年（一八三一）には上州桐生に赴いて「毛武日記」を記したが、その時に足利学校に寄って孔子像を見て、ひそかにその胎内銘を見たという。

二つの絵に描かれている寺子屋で使われる机は天神机といい、寸法によって大中小があって、高さは八寸で、大机が幅四尺五寸、奥行一尺五寸、小机は幅二尺五寸、奥行一尺であって、女机は男机より高さが一寸低く、幅は二尺五寸、奥行は同じである。桐や杉材が使われ、両袖は筆が落ちな

図25 『一掃百態』
渡辺崋山筆
国会図書館デジタルコレクション

いように「筆反《ふでかえ》し」がついている。

天神机というのは、学問の神様の菅原道真に因むもので、「天神様」を寺子屋では祀っていたのであろう。正月元旦に書き初めがあり、正月二十五日に「天神講」が行なわれ「奉納天満天神」と揮毫して学業の成就を祈った。わらべ歌に「ここはどこの細道じゃ、天神様の細道じゃ、ちっと通してくだしゃんせ」という歌があるが、おそらくこの天神様は寺子屋で祀られていたものであろう。

毎年の四月と八月には関書《せきがき》が行なわれ、師匠・寺子いずれも身を正し、決められた文字を書いて壁に貼り付けた。大暑の六月から七月の二か月は半日授業、七月七日の七夕祭では五色の色紙に師匠の徳を讃える言葉や学業成就の願いを書き竹の枝に結び付けて遊んだ。休日は年末年始、五節句、毎月の定期休日に臨時休日、あわせて年間五十日内外となる。

第六章　改革の時代

水戸の弘道館

天保四年（一八三三）からの天保の飢饉とともに、改革を求める大塩平八郎の乱や生田万の乱があり、諸藩の改革を経て、幕末には改革を求める百姓一揆がおきた。幕府は関東の農政改革、天保八年からの天保の改革を始めとして、幕末にかけ様々な改革を行なった。文化では鶴屋南北が歌舞伎の改革をはかり、北斎が次々と新たな画風を展開し、死の間際まで「改革」を追い求めた。

この改革の時代にあって、水戸藩主徳川斉昭は藩改革を行ない、幕府に改革を求めるなか、天保九年（一八三八）に神儒一致、忠孝一致、文武一致、学問事業一致、治教一致に基づく藩校設立の「弘道館記」を作成、同十二年（一八四一）七月に水戸城三の丸内に弘道館が落成して、安政四年（一八五七）五月に本開館となった。

その弘道館と一対の施設となる偕楽園を、「一張一弛《いっちょういっし》」の考えから、修業の間の休息も教育の一

図26　弘道館全図（上），弘道館全景写真（次頁上），偕楽園全景写真（同下）
弘道館蔵

つであるとし、天保十三年に弘道館の西約二キロの景勝の地に修養の場として設けた。今につながる偕楽園である。

弘道館は敷地東側に学校御殿・至善堂、その北に文館、南に武館・天文台、武館の西に医学館、敷地中央に孔子廟、鹿島神社、八卦堂、要石、学生警鐘を置き、敷地の西の区画に馬場と調練場を配した。文館に教授頭取・教授・助教・訓導のほか、歌学・天文・数学教師を置き、医学館に医学教授・助教、武館には武術教師・手副の教職を配した。

財政窮乏にもかかわらず規模は大きく、文武両道を教育方針として広く諸科学、諸学問を教育・研究、医学や天文学など自然科学教育研究をも行ない、総合大学的性格が認められる。学校創設の意見『学問所建設意見書』を著した会沢正志斎と青山延光とが教授頭取となり、藩士とその子弟の十五歳から四十歳までの者に規定の日割に基づき修業を義務づけた。

弘道館の日割は、布衣ならびに三百石以上の当主嫡子が月に十五日間、次男以下と物頭、百五十石以上の当主嫡子が十二日間など、以下、その身分によって十日間、八日間の出席とされ、

年齢による授業料免除措置が、三十歳以上と職事では半減、四十歳以上では全免であった。江戸にも天保十四年から文武の教場を併設（江戸弘道館）、教育は水戸弘道館に準拠して行なわれた。

弘道館の理念を説いた会沢は、私塾「南街塾」を文政三年（一八二〇）に開いたが、その尊王思想に共鳴して入門者は二十か国に及んで四十名を数える。会沢は師の藤田幽谷の尊王思想を継承発展させて水戸学を立てたが、幽谷は享和二年（一八〇二）に青藍舎を開いて、藩士に限らず庶民の子弟にも教えた。幽谷の子東湖は、父の塾を継承し、十五歳以下を童子、二十歳までを少者、二十歳以上を冠者と称して教えるなど、それぞれ特色ある教育を展開、これら塾を通じて水戸学派が形成され、幕末の討幕運動へとつながった。

郷学も盛んで、文化元年（一八〇四）に小川に稽医館、同四年に延方学校、天保六年（一八三五）に湊に敬業館、同八年に太田に益習館、同十年（一八三九）に旧大窪城内に興芸館（後に暇習館、大久保郷校）などが藩政改革とともに設けられ、安政年間には尊王攘夷派の郡奉行による開校などが多くあって、十五校に及んだ。

上州沼田藩は、弘化元年（一八四四）土岐頼寧《よりやす》が江戸麻布見坂邸内に学問所を設け、文久元年（一八六一）に頼之が沼田学舎分校敬脩堂と改称、就学年齢を七、八歳、修業年限をおよそ四年として、四書・五経を課し、藩費で入学料・授業料をまかなった。

改心楼・韮山塾・文武学校

幕府の関東農政改革と絡んで壊されたのが、嘉永三年（一八五〇）に大原幽学が下総の長部《ながべ》村に建てた「改心楼」である。幽学は、房総の村々が「耕作追々粗略に相成、猶々放蕩之者多く」という悲惨な状態のなか、天保六年（一八三五）に長部村に入ると、天地の和を唱え、天命を実現した「性」を根源とし、家族・村落・領主の分相応の調和を説く「性学」（性理学）を提唱、産業組合ともいうべき先祖株組合を結成した。

天保十二年（一八四一）に博奕や不義密通、諸勝負など十の放埓行為をあげてこれをしないことを誓約させ、十五か村の男子を集め、子ども組に編成、各組に大頭・小頭・小方の役を置き共同の合宿生活をさせ、性理学校を創設するなど幅広い活動を行ない、その「道友」（生徒）は長部村をはじめ東総二十四カ村、六百人に膨れ上がった。

それとともに幽学を教祖とする性学教団のような性格を帯びるようになり、その教導所である「改心楼」を金百両以上の費用をかけ豪華に建てた。毎月十七日に男子会、十八日に女子会が開かれ、小児会も月一回、また各部落の性学の集まりが随時に開かれ、「庶人」に大切な教えは「孝道」であり、「仁」であると説かれた。だが学校の豪華さもあり、関東取締出役の調査対象となって、改心楼は取り壊され、安政四年（一八五七）に幽学は有罪とされ、翌年に自害した。

幕府の軍制改革に絡んで営まれ発展したのが伊豆の韮山塾である。モリソン号事件が起きて二年後の天保六年（一八三五）、伊豆韮山の代官となった江川英龍《ひでたつ》（坦庵《たんなん》）は、武蔵・相模・伊豆・駿河などの幕領を管轄して江戸湾海防に関わるなか、渡辺崋山らから海外知識を得、天保九年に鳥居耀蔵とともに相州備場《そなえば》見分を命じられた。

韮山代官所の役人や坦庵に砲術および洋学の伝授を願う者は、塾で砲術実地訓練や洋学を学習することになったが、その一人の信州松代藩士の佐久間象山は、松代藩の文武学校の教授から江戸に出て私塾象山書院を開いた。藩主真田幸貫が海防掛老中になると、その顧問となって海防問題に専心し、江川英龍に入門、藩主に「海防八策」を提出した。

文武学校は、真田幸貫が嘉永四年（一八五一）に学校普請奉行を任命し、安政二年（一八五五）に開校、校門を入って中央の文学所において文学・兵学・躾方・月並講釈を教授し、その南に西序と医学を教える東序とがあり、剣術所・柔術所・弓術所や西の槍術所ではそれぞれ武術を教え、ほかに文庫蔵・旧演武場があった。教官は象山とその弟子があたり、受講者は十五歳から四十歳までの藩士であった。

大垣藩では藩主戸田氏庸《うじつね》が天保八年（一八三七）に城下外側町に学問所を設け、経書の句読を藩士子弟に授けたのが藩校致道館の始まりで、万延文久の頃に至って規模を拡張、講堂・学寮を増築して新たに聖堂を建て、孔子像を安置、藤原鎌足・菅原道真を配祀した。慶応三年には諸規制の大改正を行ない、洋学寮などを設け、教職員の職制を定め、他藩の子弟の入学も許可した。

図27　文武学校の建物全景（上）と文学所（下）
真田宝物館画像提供

幕末三館と彦根藩講道館

但馬豊岡藩は藩主京極高行が天保四年（一八三三）に藩庁郭内の一番小屋を仮学舎にあて、同六年に東庭に学舎を新築して稽古堂と命名、藩士の子弟のみならず庶民や他藩の者にも希望者には入学を許したが、授業料はなかった。藩士子弟は七歳になると、必ず入学させ、漢学を中心に礼儀を、安政二年（一八五五）からは洋学を教えた。

修業課程は四級に分かれ、初級の童蒙寮生は年限三か年で、志学寮生が二か年、後進寮生が三か年、先進寮生が三か年で、他に庶民の子弟の入る星聚寮もあり、修業課程は同じで有望者には学資を給し、生徒数は約六十名であった。

丹波綾部藩は正徳五年（一七一五）に郭内屋敷町に設立された藩校進徳館を、天保年間に藩主九鬼隆都《たかひろ》が復興拡張し、慶応元年（一八六五）に学制を改めて篤信館と改称、近藤勝直を総督に任じて学事の振興をはかった。教師二名、授読十数名、生徒百三十名で、中士以下の藩士子弟は必ず八歳から入学して十五、六歳で終業とされた。

学科は漢学・習字・習礼・武芸で、学風は朱子学『孝経』『小学』『文公家令』『近思録』および四書を必読とし、別に郷校が領内の高津・小畑・栗・生野・蘆淵に設けられ、庶民子弟の教育を奨励した。

金沢藩では、安政元年に柿木畠《かきのきばたけ》三千六百八十七坪の明倫堂の敷地内に壮士猶館を開き、西洋砲術や馬術・喇叭・合図・洋学・医学・洋算・航海・測量の諸科を設けて教習した。慶応三年に卯辰山に養生所を設け、医学・理学・臨床治療・察療法・軍陣医則・繃帯法・施療実験などの諸科を立て、西洋医術の研修と患者の治療にあたった。

彦根藩では、藩主井伊直中が天保元年（一八三〇）に稽古館を弘道館と改称・改組し、一の寮・二の寮を素読を中心とする初等教育場として、寮内を六等級に立て、読書から会読へ移行する中等教育課程にした。読書生は三の寮で学ぶがこれも五等級が立てられ、最後の高等教育場の四の寮も入徳舎、敬業舎、博習舎、進学舎・日新舎の五等級にわかれ、寮から寮へ、級から級へは「試験」での合格が必要であった。

習字・読書に始まり、句読・会読へと進み、四の寮では群書学習と会読が中心になされ、教材は読書生が孝経と四書、春秋左氏伝などを素読し、入徳舎生は左氏伝・国学・史学・漢学を読み、他に和学・兵学・礼学・算医学・天文学など科目が置かれた。

弘道館は北中央に講堂があって、その北側に文武二神が配され、東に頭取や稽古奉行・学問方・書物奉行などの教職員の建物があり、南には一の寮から三の寮までの寮生の部屋が、その西に四つの寮生の部屋が並ぶ。東南には槍術・剣術・弓術場があるという極めて大規模なものであった。

近江五個荘の寺子屋

彦根藩の藩士開業の伝承がある寺子屋を、近江神崎郡の川並村で開業した川島俊蔵は、読書・習字・算術を教え、嘉永四年（一八五一）の生徒数は男子百五、女子二十五人で、近江の寺子屋四百四十六校の平均の男子約三十五、女子約十四名に比べて頗る多い。

近江の寺子屋の多くは、北側の部屋にある床の間と仏壇を背にして師匠が座り、南側から入ってくる子どもを教えていた。今も川島家の床の間には菅原道真像が掛かっている。

川島家の言い伝えによれば、伊予から彦根を経て十八世紀初頭の宝永年間に川並村に開業したという。俊蔵は彦根藩の藩校に学んで、その後、京都粟田口にある入木道の勝見主殿の門に学び、医薬にも精通した。川島家には漢方医の吉益東洞の『薬徴』の抜書や薬種業者の通帳「薬種之御通」があって(「川島俊明家文書」)、薬種簞笥には薬研が伝わる。

川並村は近江商人が育った五個荘にあり、幕末期には寺子屋が十軒、各村にあり、そのうち宮荘村の時習斎が百八十人、木流《きながせ》村の梅廼舎《うめのや》が百六十人、小幡《おばた》村の寺子屋が百三十人で、これに次ぐ寺子を俊蔵の寺子屋で教えていた。

そのうち最も多い時習斎は、水戸藩の医師中村義通が医学を学ぼうと京都に上る途中で、医業と寺子屋を開くようになったもので、代々の師匠は京都や彦根に出かけて、和歌や俳諧、医学、神道などを学び、人々を集めて俳諧を競う句会を開催、百姓の子女や、近くの郡山藩の陣屋の役人の子女に教えた。

俊蔵は天保八年(一八三七)に「寺子教訓掟書」を、「書筆の道」を学ぶことは、人間としてのあらゆる道を備えることになると説く堀流水軒の『寺子教訓書』を参考に、漢字や仮名、筆遣いに関する識見を加えて記し、これを寺子らに与えていた。

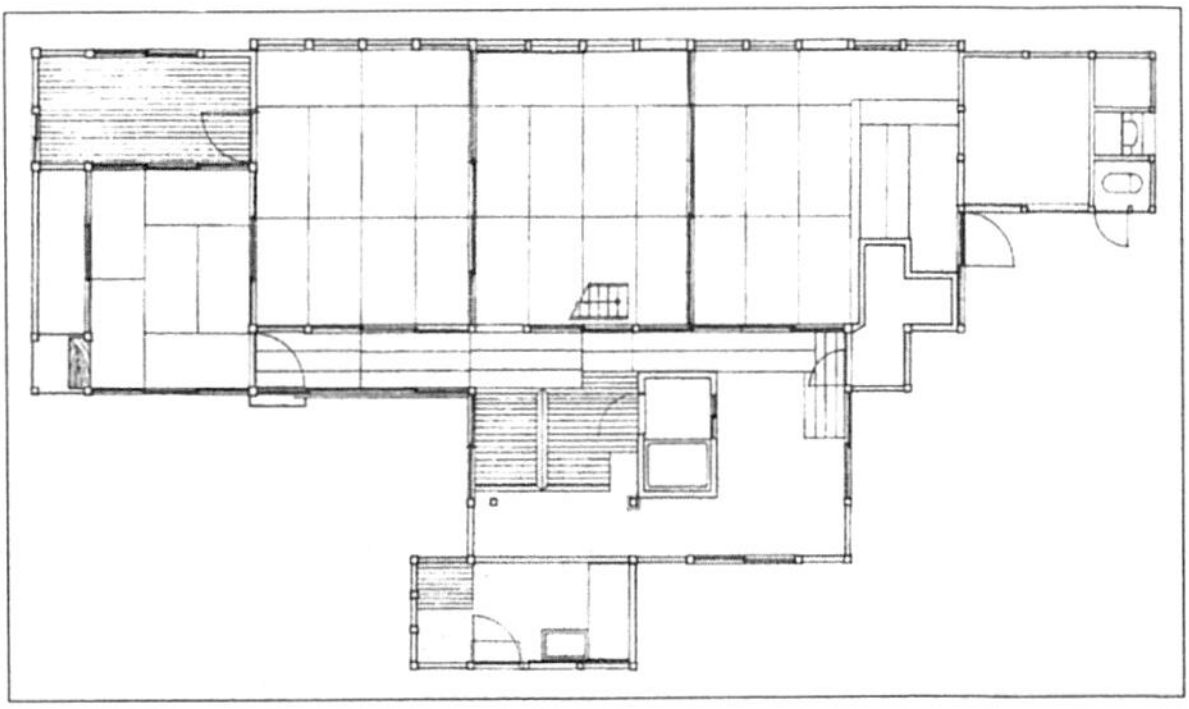

図28　近江の寺子屋
中野正堂『近江商人の魂を育てた寺子屋』28頁

十九世紀に入って文政期以後、五個荘には次々に寺子屋が開業、女子の就学者も増加、通学率は九十一・四パーセントに達し、時習斎の名もあがり、京都や湖北などからも内弟子や下宿して学ぶ者が多くなった。俊蔵がテキストに使い、学んだ書籍は六百十一点が知られている。論語・孟子・中庸、唐詩選などの漢籍、『庭訓往来』『商売往来』『女庭訓往来』などの往来物があり、安政五年（一八五八）に俊蔵手書きの算術のテキスト『算梯』があるのは、『商売往来』と相俟って近江商人の故郷の教育にふさわしい。

『商売往来』に学んだのは男子だけではなく、塚本家のゆきは、十四歳で寺子屋の学習を終えると、『女庭訓状』『商売往来』を授けられ、嫁ぎ先の家で醬油醸造を起こし、息子の太物（綿織物や麻織物）の営業にも協力した。ゆきの妹さとも、読書・習字・算術を習得し、後に五個荘に女子の教育機関が必要と考え、「淡海女子実務学校」を創立した。

女子の寺子屋を終えた後の教育施設を構想したのが奥村喜三郎であって、天保八年（一八三七）に「女学校発起之趣意書」を書き、江戸市中に女学校を設立できるよう町奉行所に願書を提出している。午前中に『女孝経』『女大学』などの教訓書や和歌を学び、午後には小笠原礼法、薙刀などの武芸、縫い、織りなどの技術を選択して学ぶものとした。

伊予の寺子屋と塾・藩校

寺子屋のテキストの定番は『庭訓往来』や葛飾北斎の挿絵入りの『絵本庭訓往来』であるが、農村では『農業往来』『田舎往来』、商業地域では『商売往来』『問屋往来』、漁村では『浜庇小児教種《はまべしょうにおしえたね》』が、職業によっては大工の『大工註文往来』、左官の『左官職往来』などが使われたが、地域ごとに地名や行事などを記す往来物もあった。

五個荘の川島俊蔵の先祖が出た伊予の松山では『松山往来』が使用された。これは天明六年（一七八六）に松山家中の武士と見られる鈴木物右衛門に編まれた二十四の消息からなり、松山の地誌が記され、その二月状には「庭訓往来、江戸往来、都往来、風月往来の類、品々有と候えども」とあり、これら往来物が各地で使われるなかにあって『松山往来』が編まれたことがわかる。

信州では『松本往来』が編まれており、郡名や松本城下町の町名にはじまり、松本や領内での生産物、他領からの流入物、町人や領民の消費物資などが詳しく記されているなど、日常生活に関わる物の名が記されている。

松山での寺子屋師匠四十人を身分別および年次別に整理すると、武士が十七人で全体の四十パーセント、僧が八人、町人・百姓は各一人であって（『愛媛県教育史』）、商家の子弟を対象とする漢学私塾や心学の六行舎もあった。

松山藩の藩校は文政十一年（一八二八）に藩主松平定通が明教館を設立しており、これまでの小規模な学問所の興徳館を改組し、二番町西端の東門屋敷跡地に本格的に建造し、朱子学・国学などの学習場、武芸の稽古場を併置し、校舎・講堂・演武場・寄宿舎を整備した。

同じ伊予の大洲藩では早く延享四年（一七四七）に明倫堂が城の東門の南に創設され、三輪執斎の弟子川田雄琴が招かれて初代の教授となり、堂内に孔子像を祀り、王陽明と中江藤樹を配祀し、陽明学を教学の基本方針とした。しかし寛政十二年（一八〇〇）に学風が朱子学に改められ、慶応年中には錦絅舎《きんもうしゃ》が士分以下の庶民のために設けられた。

塾は、大洲八幡宮の神職の兵頭氏が、十七世紀末に神職の子弟教育のために坂本塾を開き、下級武士や百姓・町人の子弟も学ぶようになって、寛延三年（一七五〇）には大洲や八幡浜の武士や百姓、町人十五人の協力で文庫が設立され、『六国史』などが購入され、天明元年（一七八一）には学舎が建設された。大人を対象に神書講読が行なわれ、子弟には素読・手習が行なわれ、天保から後は常磐井（兵頭改め）厳戈《いかしほこ》が坂本塾を古学堂と改め、蘭学にも興味をもち、蘭学の三瀬《みせ》諸淵《もろぶち》や武田斐三郎《あやさぶろう》らの弟子を育てた。

伊予のみならず、寺子屋経営者の身分の年次調査の研究によれば、寛政から天保年間の約三千校のうち、武士が約三十パーセント、「平民」が約四十パーセント、僧が約十六パーセント、神職が約八パーセント、医師が約九パーセントであった。

江戸近郊の村の寺子屋

村の寺子屋について見ると、武蔵国埼玉郡野村の名主植田家の分家・植田養山は、自宅を教場として寺子屋の玉松堂を開いた。養山は甥の名主の相談役で、宗門人別帳の書き上げや年貢割付の手伝いをし、村人の相談事にのっていて、それらの事どもを安政四年（一八五七）から六年にかけ日記「玉松堂日記」に記したので、寺子屋の経営状況がわかる。

それによれば束脩は二百文から一朱、あるいは酒一升に半紙・広紙・手拭、赤飯、そば粉を「上山」の時に持参、「下山」の時も祝儀が届き、貧困な家庭には祝儀を返していた。日常の謝儀は不明で、これのない場合もあり、元旦から歳暮まで連日、何らかの物が届いた。

同じ武蔵高麗郡の高麗《こま》大記《だいき》は代々の修験で、農業を営み、機織業にも精を出すかたわら、塾・寺子屋を開いていて多忙な毎日を送った。父明純は風呂に入りながら門人が表座敷で「論語」を素読するのを聞き、誤りがあると湯につかったまま大声で注意したという。

大記は「金銭入帳」「竹木壱帳」「高機織物帳」を残し、嘉永四年（一八五一）の収入分を見ると、最大の収入は無尽頼母子の落札で、次いで織賃や大豆・桑の順となり、門人や寺子の謝礼などの比率は低く、寺子屋だけでの経営はたいへんであったが、農間余業の収入で大部分をまかない、門人・筆子（寺子）の謝金は補充程度であった。

同じ村でも東海道に沿った武蔵橘樹郡の生麦村の名主の関口家の藤右衛門は、医業にも携わり、寺子屋を開いて近在の子に手習を指導していた。その日記『関口日記』によれば、文化年間から天保末年まで寺子屋を開業、子どもが守り実践すべき徳行を説諭する『孝行萌草《こうこうめばえぐさ》』を著すなど、真摯な教育者であった。

日記の寺子屋の記事はほとんど束脩や謝儀に関わるもので、文化十年（一八一三）の例をとると、多くの寺子の束脩は百文、中には二百文の子もあったが、各地の寺子屋と比較して廉価であった。謝儀のうち年頭銭についての記述に詳しく、百文を徴集して吉書始めを行ない、下山の際には三百文程度の「肴代」を受け取った。

興味深いのは、文久二年（一八六二）に、相模高座郡栗原村の大矢弥市が「村民悉く集め、今般学校の取建の儀、格別の御配慮在らせられ」と、郷学校の設立に動いて校名を誠志館として発足したことである。足利学校が足利郡の五箇郷学校と称されたような郷学校の設立の動きがあったことになる。

弥市は大名貸を行ない、浦賀奉行の御用商人であり、相模原台地一の豪農であったが、「里民教化に浴せざるを憂へ、江戸人の日尾敬三郎なる者」を招き、費用の半分を弥市が、残りの半分を全村で負担、弥市の家の一部を学校とし、孝経・大学の五級から、四級の中庸・小学、三級の論語・孟子、二級の詩経・書経・易経・論孟（講義）、一級の礼記・左氏伝・日本外史（講義）へと等級のあがる等級制の学校であった（『神奈川県史』）。

授業は毎日午前に読書・講義、午後に習字で、毎月三・八の日に特別講義があり、毎年正月十一日に始まり、十二月二十日に終わるものであるから、程度の高い寺子屋といったところであろうが、郷学校と称され、村人から費用が寄せられている点で幕末という時代を予感させる。

表は、寺子屋の開業数を中世の文明期から明治八年までの年次変化を表したものである。寺子屋の師匠を讃える筆子塚のような事例もあり、詳しい内容のわからぬものも多いが、ほぼ変化を追えよう。これによれば享保頃までは年平均一の寺子屋の黎明期、それから安永までは年平均二から三の普及期で、天明から享和までは年平均十台に増加してゆき、文化年間には約二十八と増え、寺子屋の詳しい内容が史料からうかがえるようになる。天保からは百台・二百台・三百台と激増し、明治になっても開業が続いていた。

長崎海軍伝習所

安政二年（一八五五）、幕府は幕政改革の一つとして長崎海軍伝習所を永井尚志《なおむね》を所長として長崎奉行所内に開設した。永井は昌平坂学問所・甲府徽典館の学頭を経て、ペリー来航後に目付に登用された。永井の前任の甲府徽典館は、幕府の甲府学問所として寛政年間に甲府城追手門の南に創設され、勤番支配が管理し、学頭は昌平坂学問所から二人ずつ交替で勤め、主に漢学を勤番武士の子弟に講じたが、庶民の聴講を許し、併設の医学所では勤番医師、町医が医書を講じた。

長崎海軍伝習所は幕臣だけでなく諸国から人材を集め、洋式の海軍術を学ばせた。オランダ海軍大尉ペルス・ライケンなど二十二名の教官を招いて開講、学科は航海術や運用術のほか、砲術・造船学・測量学などで、オランダから寄贈された軍艦スームビング（後の観光丸）が実地訓練に使用された。

年号	西暦(年数)	校数	年平均開設数
文明―元和	1469(155)	17	0.1
寛永―延宝	1624 (57)	38	0.6
天和―正徳	1681 (35)	39	1.1
享保	1716 (20)	17	0.8
元文―寛保	1736 (8)	16	2.0
延享―寛延	1744 (7)	14	2.0
宝暦	1751 (13)	34	2.6
明和	1764 (8)	30	3.7
安永	1772 (9)	29	3.2
天明	1781 (8)	101	12.6
寛政	1789 (12)	165	13.7
享和	1801 (3)	58	19.3
文化	1804 (14)	387	27.6
文政	1818 (12)	676	56.3
天保	1830 (14)	1984	141.7
弘化―嘉永	1844 (10)	2398	239.8
安政―慶応	1854 (14)	4293	306.6
明治	1868 ――	1035	
不明		4175	
合計		15506 校	

石川謙『寺子屋』により作成。

表　寺子屋の年次変化

海原徹『近世私塾の研究』18 頁

伝習は十月から、日課を定め、通詞の口訳で行なわれ、一期の伝習生は矢田堀鴻・勝海舟・中島三郎助・小野友五郎ら三十二名、諸藩からは百二十八名で、その内訳は薩摩藩が十六、佐賀藩が四十七、長州藩が十五、福岡藩が二十八名で西南雄藩に多く、他は津藩などである。二期の伝習生は榎本武揚・肥田浜五郎ら十二名が派遣され、同四年三月に永井は修業生を引き連れ、観光丸で江戸に帰り、以後は長崎在勤目付の木村喜毅が監理した。

第二次の伝習は、同年八月にはオランダ建造のヤーパン号（咸臨丸）が入港し、海軍士官のカッテンダイケが残留・新派遣の伝習生を教育し、翌五年にかけ壱岐・対馬方面、五島・天草方面や、博多下関を経て鹿児島を訪問するなど九州一周の航海を行なった。しかし幕府は、財政窮乏など様々な事情から伝習を中止することになり、同六年に伝習中止と教官の帰国を長崎奉行に指令し、二月八日に廃止された。

これに先立って、正月五日に勝海舟らは朝陽丸で長崎を発し、十五日に江戸に帰着、万延元年（一八六〇）に咸臨丸で渡米した。勝は旗本の勝小吉の子で、剣客・男谷精一郎とは従兄弟の関係にあって、島田虎之助に入門して剣術・禅を学び、直心影流剣術の免許皆伝になると、弘化二年（一八四五）から蘭学を永井青崖に学んで赤坂田町に私塾「氷解塾」を開いていた。

幕制改革は続いて、安政元年十二月二日、講武場を鉄砲洲など江戸七か所に設置し、二年後の安政三年に老中阿部正之の命で江戸築地に、剣術・槍術・砲術・水泳などを科目とする講武所を設け、幕臣らに伝統的な武術と西洋砲術を教授、付属施設として軍艦操練所と銃隊調練場を設け、西洋砲術を採用した砲術方は洋式軍制化の中核機関となり、万延元年には神田小川町に移転した。

蕃書調所と作人館

安政二年には洋学の研究機関として洋学所が設けられた。これは蕃書和解御用とは別組織であって、西洋軍事技術の導入と外交技術の処理能力を向上させるのが目的で、昌平坂学問所儒者の古賀謹一郎（増《まさる》）が頭取として整備につとめた。昌平坂学問所はこの年に経・史・文の三科のうち史科に属する皇朝史学・刑政学・外国事取調担当が新しく設けられた。

洋学所は安政の大地震で全壊焼失したため、安政三年二月に「蕃書調所」と改称し、九段坂下の元竹本図書頭屋敷を校舎に、初代頭取が古賀増、箕作阮甫《みつくりげんぽ》と杉田成卿が教授、川本幸民、高畠五郎、松木弘安、手塚律蔵、東条英庵、原田敬策、田島順輔らが教授手伝となって、同年末に開講した。洋書翻訳中心から、翌年四月の開校からは直参生徒を対象に洋学教育が行なわれ、陪臣の入学も認められ、生徒は約百人で蘭学一科であった。

安政五年（一八五八）に神田お玉ヶ池に開設された種痘所は、万延元年（一八六〇）に幕府直轄となって、種痘・蘭方医術を教授する教育機関となり、文久元年（一八六一）に西洋医学所と改称され、種痘・解剖・教育の三科目に分かれ、蘭医学を教えた。

蕃書調所は万延元年に校舎が小川町に移転し、文久二年にかけ学科新設が相次いだ。外交上の要請に応えて英独仏語の教育、西欧科学技術を摂取するための精錬・器械・物産・画学・数学・印刷術の研究と教育も開始され、蕃書調所の呼称がふさわしくなくなり、文久二年五月に洋書調所に改称された。

翌三年八月に『易経』の「開物成務」という語句に基づいて開成所という名に改められた。校舎は文久二年五月に一ッ橋門外の護持院原に、さらに翌三年に新築され広大な建物に再度移転された。

幕末になって弘前藩とともに幕府の蝦夷地警備を担った盛岡藩は、天保十一年（一八四〇）に藩主南部利済《としただ》が、京都の蘭方医新宮涼庭の献策で稽古場を藩校「明義堂」と命名し、文武両道兼修の場となし、教授・助教・学頭・学生の職制をしいた。

稽古場は寛文年間に藩主南部行信が設置した武術道場で、漢学の講義を行なわせたのに始まり、文化二年（一八〇五）に藩主利敬が折衷学派の江戸の下田芳沢を呼ぶなど、北方警備の緊張感から学問へ要請が高まるなか、弘化二年（一八四五）に教育方針を示し、翌年に昌平黌の藤井又蔵を助教に採用、朱子学を学風とし、嘉永二年（一八四九）から明義堂蔵板の四書五経を刊行した。

安政元年（一八五四）に医学教育を取り入れ、慶応元年（一八六五）の藩主利剛《としひさ》の時に朱子学派から折衷学派に戻り、作人館と改称、修文所（和漢学）・昭武所（武芸）・医学所の三部制をとった。この学制改革を推進した水戸学派の江幡《えばた》五郎は、和漢一致の思想を推進するため『学軌』を出版した。

図29　佐倉順天堂記念館
佐倉市教育委員会画像提供

順天堂・成徳書院と明道館

安政二年（一八五五）八月十四日、幕府は徳川斉昭を政務参与とし、十月九日に佐倉藩主の堀田正睦《まさよし》を老中首座としたが、堀田は老中となる以前から蘭学を奨励、蘭方医の佐藤泰然《たいぜん》を招聘して佐倉に順天堂を開かせ「蘭癖《らんぺき》」大名と呼ばれた。泰然は江戸薬研堀に和田塾を開き、佐倉に呼ばれて門生に講義した。その順天堂は日本最初の私立病院になった。

正睦は藩校の温故堂を成徳書院と改め、藩士の教育にあたった。温故堂は、堀田正順が大坂城代であった時に懐徳堂の中井竹山に学び、寛政四年（一七九二）に佐倉学問所を創立したのに始まる。初代教授に竹山の弟子菱川右門を登用、文化初年に温故堂と改称し、文化九年（一八一二）に藩主正愛《まさちか》が尾藤二洲門下の石橋竹州を教授に任じ藩学は活況を呈した。
正睦は天保六年に江戸に成徳書院、翌年に佐倉に成徳書院の制を定め、老中を天保十四年（一八四三）閏九月に辞任すると、佐倉に戻って儒学をはじめとする諸学、諸般の武術をも含む総合大学として成徳書院を充実させ、佐倉を蘭学の学都とした。

幕末の政局に関わった松平慶永《よしなが》（春岳）は、安政二年（一八五五）三月に福井城内三ノ丸大谷屋敷に明道館を設立した。その前身は文政二年（一八一九）に藩主の松平治好《はるよし》が城下の桜の馬場に設立した学問所の正義堂であって、正義堂は藩士の子弟や僧、庶民の希望者を適宜入学させ、句読や文義を教授する学校であったのを、鈴木主税《ちから》らの建議に基づいて、建学の理念を藤田東湖の「文武不岐」、横井小楠の「学政一致」の考えに沿って、明道館では入学した十五歳以上の藩士子弟に徹底的に教えこんだ。

総教・参教・学監・教授の教職員で、吉田悌蔵らが教育にあたり、最盛時には千三百の生徒となった。科目は経書科・兵書武技科・国史和書科・歴史諸子科・典令科・詠歌詩文科・習書算術科・医学科・蘭学科があり、医学科は別に済世館が担当した。経書は朱子学、蘭学は実用の学を主とし、富国強兵をめざした。

安政四年に学館同様心得に就任した橋本左内は、明道館の整備拡張に努め、同年に左内の建議で洋書習学所が設立され、館内に武芸稽古所を設けた。左内は福井藩医の子で江戸遊学中に西郷隆盛や藤田東湖と交わり、経世済民を志し世界情勢を見据えた上で「日本国中を一家」と見、挙国的政府の樹立と、富国強兵による海防体制構築を構想していた。

津藩は、藩校有造館のほかに嘉永元年（一八四八）に演武荘、同二年に洋学館を開き、安政五年（一八五八）には藩校督学の齋藤拙堂と津町の年寄岡伝左衛門が相談して修文館が開かれた。「御客屋」の内に設立され、「町方小供素読・手習・算術修行」を目的とし、往来物や法度が教材とされるなど、民衆の教育機関であった。

姫路藩は、好古堂を大手門前南方から移転し、弘化元年（一八四四）に河合寸翁《すんのう》の仁寿山黌を吸収合併、大手門西方に東西五十間の長屋を新築、近くに演武場を設けて文武両道の振興を図った。藩主酒井忠実《ただみつ》の時、藩学を朱子学の林派と闇斎派両立から一本化した。教科は小学・四書・五経をはじめ和漢・医・筆・礼・兵・弓・馬・槍・柔・砲学の諸般に及び、教職員は督学・肝煎・舎長・教授・助教・授読からなる。学生は素読生から輪読生に進み、優秀者は専業生として重視された。嘉永年間に国学の流行から国学寮が開設された。

鳥取藩は嘉永五年（一八五二）に徒士以下にも自由に就学するのを認め、学館奉行に箕浦文蔵を任命し、学風は篤実をもととし流派を立てずに四書・五経を中心に講義し、歴代藩主が臨館して学問を奨励した。水戸徳川家出身の藩主池田慶徳《よしのり》が学館の整備につとめ、大文場を増設、聖廟を創建し武場を建設、徒士のために小文場も設け、学館で槍術・砲術・柔術などの教育も行なわれ、嘉永六年からは国学・兵学なども採用して充実した。

松江藩でも慶応元年（一八六五）に明教館を修道館と改め、教科目は皇学・漢学・洋学・数学・

習字など、武術は馬術、拳剣、柔術、体操などがあり、儒学教授には桃世文《ももせいぶん》、助教には高木文四郎・桃好裕《よしひろ》がいた。

第七章　西南雄藩の学校改革

土佐藩の致道館

土佐藩は藩主の山内豊敷《とよのぶ》が儒学を尊崇し、家中藩士の講学のため享保十七年（一七三二）に高知北会所に会所講をはじめ、宮地静軒・中村七友斎・岡立哲・谷塊斎ら四人を講師として、毎月十回の会合をもち、程朱の学を聴くこととし、宝暦十年（一七六〇）に藩校の教授館《こうじゅかん》を土佐郡追手筋千四百五十四坪の地に移した。

宮地為斎《いさい》以下四人を教授役に任じ、主に和学・漢学を講義させ、習字・習礼・諸武芸をそれぞれ修行させ、明和元年（一七六四）には藩主自撰の文章を教授館に示し、仁斎や徂徠らの学を邪説と断じ、朱子学の正学を遵守すべきと諭した。以後、天保期にかけ、谷・宮地・箕浦の三家が闇斎派朱子学を遵奉して土佐文教の学の灯となった。

こうしたこともあって幕末政局に大政奉還論を唱えて存在感を示すことになる山内豊信（容堂）

は、嘉永元年（一八四八）に分家から藩主になると、門閥・旧臣による藩政主導を嫌い、革新派グループ「新おこぜ組」の中心をなす吉田東洋を嘉永六年に参政「仕置役」に任じて、西洋軍備採用・海防強化・財政改革・藩士の長崎遊学・身分制度改革・文武官設立などの藩政改革に乗り出すも、教授館の改革には手をつけなかった。

吉田東洋は安政元年（一八五四）六月に江戸の藩主主催の酒宴で不敬を演じて免職帰国し、秩禄没収され、城下外に追放されると、長浜村に閉居し、そこで学塾の少林塾を営んで経史を教え、後藤象二郎や福岡孝弟《たかちか》、野中助継、神山《こうやま》郡廉《くにきよ》、間崎《まざき》滄浪《そうろう》、岩崎弥太郎らを育てたが、このうちの間崎から経史を学んだのが中岡慎太郎である。

この時期、武市《たけち》瑞山《ずいざん》の土佐勤王党に属する渡辺弥久馬、小南五郎左衛門、弘田善助、島本審次郎、谷守部（干城《たてき》）、河野万寿弥、池内蔵太らは江戸に出て、安井息軒の三計塾に入り、坂本龍馬は脱藩して勝海舟の塾に入った。

その龍馬が脱藩した文久二年（一八六二）、容堂の子豊範が、致道館を城下西弘小路に兼営し、経学・史学・国学・句読・槍術・剣術・弓術・砲術・士官学・生兵学・練兵・馬術・居合術・体術・貝太鼓などの諸科目を立て、藩士子弟は十三歳で入学して必ず文武を兼修させることにした。

この時期から、学校は国家の人材を教育し、世道を維持する重要機関となり、陽明学を公認して朱子学の学風から脱却した。天保三年に教授館内に特設された医学科は同十四年に医学館となり、弘化二年（一八四五）に沢流館と改称、漢医学・洋医学を研修した。慶応二年（一八六六）には、開成館を九反田に設立して洋学・医学などを教授した。

薩摩藩の造士館

熊本藩の細川重賢《しげかた》は、蘭学に傾倒して「蘭癖大名」と称されたが、同じく蘭癖大名と称された薩摩の島津重豪《しげひで》は、自ら長崎のオランダ商館に出向き、オランダ船に搭乗、安永二年(一七七三)に幕府の聖堂に倣って、城内二ノ丸御門前の地に、聖堂を中心に講堂・学寮・文庫などからなる藩校・造士館《ぞうしかん》を設立して、儒学者の山本正誼《まさよし》を教授とした。

これに隣接する地に武芸稽古場として演武館を設けて、文武を励まし造士の実をあげようとはかり、翌年に郭内に医学院を設立し漢医学を講習させ、医療技術の養成にも尽力、同八年に吉野村に薬園を設け、明時館《めいじかん》(天文館《てんもんかん》)を府城の東南に設立し、暦学や天文学の研究を行なわせ、薩摩暦を町内に頒布した。

造士館生徒は八歳で入学、二十一、二歳で卒業、所定の日課割で和学・漢学・算道の三科を学習し、武芸を錬磨した。孝経・四書・五経および和漢の史書が教科書で、素読・講義、温習の方法で研修し、春秋には釈奠が行なわれた。これらの学問所は武士や百姓・町人にも開かれていた。

その後、造士館教育はやや衰えたが、嘉永四年(一八五一)に藩主になった島津斉彬《なりあきら》が学校教育に力を注いで、翌年に別邸仙巌園に反射炉の建設に取り掛かり、安政元年(一八五四)に日本初の溶鉱炉に火がともった。ガラス工場や蒸気機関製造所などの工場を次々に建て、桜島に造船所を設け、火薬・硝子・塩酸などを試作、電信線を開通させ、大砲の営造を行なった。同四年に斉彬は集成館と命名した。

この年（一八五七）の告諭において斉彬は、修身・斉家・治国・平天下の道理を究めるとともに日本国の本義を明らかにし、国威を海外に発揚することを目指すことや、和漢の書ならびに西洋の翻訳書を精読すること、知識と技術の修得とその実践を、督励している。

万延元年（一八六〇）には藩主忠義が、中国語研究のために達士館を設け、元治元年（一八六四）に設けた開成所では、砲術や築城・航海・地理など陸海軍諸学科、および技術を教習し、多くの軍事技術者や英学者を養成した。

薩摩藩に隣接する飫肥《おび》藩では、藩主伊東祐民《すけたみ》が享和元年（一八〇一）に学問所を設け、天保元年（一八三〇）に伊東祐相《すけとも》が学問所の増改築を命じて、翌年完成した振徳堂には、清武郷で学舎明教堂を建てて子弟を教えていた安井滄洲・息軒父子を招き、滄洲を総長に、高山信濃・落合雙石・松田松窓・壱岐桐園らを教授に、息軒を助教に任じ教導にあたらせた。

振徳堂からは小倉処平や外交官小村寿太郎らが出るが、息軒は天保九年に江戸に移って麴町に三計塾を開き、昌平坂学問所教授になっている。

三計塾・山梔窩・咸宜園

安井息軒の江戸の漢学塾（三計塾）は、講義が月の五日と十日、テキストは『左伝』で、毎朝

図30　振徳堂の古写真
昭和16年（1941）以前撮影　日南市教育委員会蔵

『小学外篇』を「子童」を対象に行なわれた。青壮年や寄宿生には無関係な輪講の会には、表会と内会とがあり、表会には息軒が出席して月六回で、テキストは『周礼』であった。授業への出席は、講義には自由であっても、表会輪講は欠席を認められなかった。

内会は「生徒中のもの相会し、同意の書を攻究する」もので、六、七名の有志が希望の日を選び、自由に討論・講究した。定まった日はなく、孟子輪講や論語会、八大家文会などが頻繁に行なわれた。授業のない日や余暇には「塾中各早く起き、頻りに読書」した。

開塾以来、慶応三年（一八六七）までのおよそ二十九年間の来学者は、六十一か国から総計七百二十六名に及び、さらに遺漏者を含めると、千名近くに及ぶという。

息軒は『外寇問答』『軍政或問』などの時務論を著し、ペリー来航の際には「攘夷封港」を唱えるなど主戦論を展開したこともあって、多くの門人が集まり、朱子学正学とは異なる自由闊達な学問態度を標榜し、政治的論議の高揚をすすめたので、血気盛んな若者が集まった。

その論議が沸騰したのが内会であって、ここで切磋琢磨して政治的に目覚めたのが、尊王攘夷運動に邁進した土佐勤王党の谷干城らであり、長州藩の志士品川弥二郎らも二十九人、久留米勤王党の松浦八郎、清水真郷、池尻茂四郎らも育った。

このうち久留米勤王党の真木和泉守が主宰したのが私塾山梔窩《くちなしのや》である。藩校の明善堂では天保年間に久留米天保学がおこされ、その指導者的存在となったのが水戸の会沢の塾に学んだ真木である。嘉永五年（一八五二）に藩政改革に関連した過激な行動を咎められ、城外水田村で幽囚の身になったが、真木の声望を慕う好学の徒が集まって開かれたのが山梔の塾であり、翌年の「子弟盟約」に七名が加わり、それからしだいに塾生が増え、文久二年（一八六二）に「義挙三策」を掲げ脱藩するまで真木は教育にあたった。

テキストは会沢の『新論』のほか、『国史略』『春秋左氏伝』『詩経』などで、真木は音楽に堪能であったから、古典雅楽も教科にあり、武術教科のために射場も設けられ、身体鍛錬のため「遠足」「遠行」が行なわれた。授業は文武両道にわたり、詩会・試書がそれぞれ毎月三回、九の日と四の日に行なわれ、脱藩直前には、質問・習字、撃剣・角力、音楽、字書・習書が行なわれ、志士が育った。

この二つの塾とは対照的に、様々な人材を育てたのが、日田の咸宜園である。来学者が増大し、塾舎外に寄宿人もでたので、北隣の長兵衛の家を借りて甲舎、他にも家を借り乙舎と称し、丙舎には「居家生」を住まわせた。天保十年（一八三九）の塾生は、月旦評の百五十五人、在塾生三十九人、外塾生十一人、居家生十五人、帰省中の帰省生が五十五人で、月旦評の等級も九級に上下の別を加え、無級もあわせて十九級となった。

天保七年（一八三六）に塾主を辞した広瀬旭荘は同十四年九月に足利学校に来て、『足利学校見聞記』を記しているが、咸宜園のモデルは足利学校にあり、実際の足利学校を見聞したのであろう。旭荘が去った後、淡窓が再び経営にあたり、安政二年（一八五五）に矢野卯三郎が淡窓の養子となって、広瀬青邨と名を改め三代目となり、さらに文久二年（一八六二）に旭荘の子林外が継承した。

図31は咸宜園入門者の出身地内訳であり、入門者は全国に及び、その数は五千人に及ぼうかという最大の私塾となっていた。

日向からの来塾者は六十人ほどだが、その一人の島惟精《いせい》は嘉永四年（一八五一）に入門し、退塾後には江戸に出て昌平坂学問所に学んだ逸材で、その故郷の延岡藩の藩校は嘉永三年（一八五〇）に学問所の移転で広業館として開設され、安政四年に医学所明道館が創設されている。

咸宜園の門下生の進路は、教育者・学者になった者が七十三名、医師になった者が八十一名、僧や神職が七十九名、政治家・官吏が十五名、その他十九名が判明、多いのが郷里に帰って地域教育に専心した教育者であり、村田宗太郎こと大村益次郎のように長州藩からの来学者も多かった。

高島塾と佐賀弘道館の改革

咸宜園で学んだ後に、高野長英が長崎のシーボルトの鳴滝塾に学んだように、咸宜園から長崎に向かった人物も多く、その一人の山本晴海は、長崎で西洋流砲術を高島秋帆《しゅうはん》に学んだ後、文政十二年（一八二九）に咸宜園で学んで六級下まで昇級したが、母危篤の知らせに長崎に帰って私塾柿陰《しいん》古屋《こや》を開き、儒学と高島流砲術を教授した。

山本晴海に砲術を教えた長崎町年寄の高島秋帆は、唐人屋敷前にある台場の警備を父から引き継ぎ、フェートン号事件で長崎地役人に設けられた鉄砲方をも継いで、鉄砲の入手整備や練習を繰返し、出島のオランダ人から洋式砲術を学び、私費で銃器等をそろえ、天保五年（一八三四）に高島流の砲術を佐賀藩の支藩武雄の領主鍋島茂義に教えた。

アヘン戦争により中国が不平等条約を結ばされた衝撃から、秋帆は幕府に意見書「天保上書」を提出して洋式砲術の採用を訴えると、「大国」中国が侵攻された事態におどろいた幕閣に認められ、山本晴海ら一門を引き連れ、武州徳丸ヶ原で砲術演習を行なった。これにより秋帆の名声は高まり、多くの門人が集まった。幕臣が十一人、諸藩士が十三藩で三十人となった。

秋帆に長崎で砲術の免許を与えられた鍋島茂義の佐賀藩では、藩校の弘道館を天保十年に藩主直正が大手前の北堀端に拡張、校舎の大改築を行なって翌年に完成した。規模は従前に数倍し、本館

「門人出身地別人員調」(『淡窓全集』下巻)により作成。

図31　咸宜園入門者の出身地内訳
海原徹『近世私塾の研究』52 頁

の外に講堂・内生寮・外生寮・蒙養舎を備え武芸場も付置、学館経費を千五百石に増額した。

同十三年に文武奨励を令達し、侍・手明鑓・歩行の者・足軽・小道具・仲間《ちゅうげん》などの身分別に武芸の修習目標を示し、嘉永三年（一八五〇）には、侍三十石以上には、文学独看・剣槍間免状、侍三十石以下手明鑓までは、文学出精昇達・剣槍間目録と修学・稽古といった目標を示した。

直正は天保五年に医学館を八幡小路に設け（好生館）、オランダ医学を積極的に伝習させ、嘉永二年に種痘を実施し、同四年には医師は必ず医学館で学び、所定の業を修めた者に限り開業免許を与えることとし、安政五年（一八五八）片田《かたた》江《え》小路《こうじ》に移した。

さらに藩政改革を行なって西欧の新技術を積極的に導入、精錬方を創設して鉄鋼、加工技術、大砲、蒸気機関、電信、ガラスの研究や開発・生産を行ない、牛痘ワクチンを輸入して、不治の病であった天然痘の根絶を成し遂げる先駆けとなった。嘉永二年（一八四九）に日本最初の製鉄所を完成させ、同三年に杉谷雍助《すぎたにようすけ》らが反射炉の建造に取り組み、同五年に築地反射炉が本格的に稼動した。精錬方の石黒寛次、中村奇輔、田中久重らは蒸気機関車と蒸気船の製造を試みて成功した。

この学校改革や諸般の改革を通じ、佐賀藩は西南雄藩の一つとして台頭したのであって、江戸藩邸に文政年間に設けていた明善堂を、文政八年（一八二五）に桜田の上屋敷に移した。

弘道館の教授の一人の山口龍蔵は、咸宜園に学んだ後、江戸に出て羽倉簡堂に就学し、弘化十二年に佐賀に帰って弘道館の教授になったが、議にあわずに有田に帰り家塾を開いた。慶応元年（一八六五）に長崎へ出て宣教師のフルベッキ、ウィリアムズらに漢学や日本の歴史を教え、後に佐賀藩支藩の鹿島藩校の弘文館の教授となった。

佐賀の弘文館は文化二年（一八〇五）に城下の高津原に再興されて徳譲館と称し、藩主鍋島直彬《なおよし》の時の安政六年（一八五九）に再び弘文館と称し、童蒙のための小学校を付設した。

長州萩藩の明倫館

長州萩藩の毛利敬親《たかちか》は藩政改革の一環として文教政策を重視し、天保六年（一八三五）に藩校明倫館の学頭に山県太華《たいか》を据えた。太華は家学の徂徠学を捨て宋儒の学説を信奉、従来の学風を一変させて朱子学説に改め、新たに学館の学則を定め、昌平黌の学風に模した。

さらに同年に藩主敬親は、江戸邸内に有備館を設けて江戸在勤藩士にも学業を課し、時勢の進運と外辺警備の必要に照らして、家中藩士の教育上、これまでの学館が狭隘のため、嘉永二年（一八四九）に明倫館を一万五千八百十四坪の江向《えむかい》の地に新築移転した。

中央に聖廟を置き、北に演武場、西に成美堂・講堂・文学諸寮、北に済生堂・水練池・内馬場・練兵場を配し、学業科目では経学・歴史・制度・兵学・博学・文学の六科を設けた。学生は八歳から十四歳までが小学に入って終了すると、十五歳以上の大学に入った。大学には自宅から通学の外諸生、入舎生、上舎生、居寮生がいて、各級三年、最長九年を限度とし、成績優秀者は修業年限を短縮することが可能であった。

教職員は学頭以下、教授・助教・講師・武芸師・小学教諭・小学講師・小学素読役・都講・舎

長・書記・司典・廟司らで、学頭が管掌し、諸生の教育を行なった。済生堂は医学教育を行なっていたが、嘉永三年に好生館となり、安政二年（一八五五）に館内に西洋学所が開設され、同六年に独立して兵学研究機関の博習堂と改称された。文久元年（一八六一）に山口講習堂が山口の中河原から亀山東麓に移転して、同三年に山口明倫館と改称した。

長州藩には私塾が百六校あり（『日本教育史資料』）、図は長州藩の私塾と寺子屋の数を郡別に示したもので、年次別に見ると、私塾・寺子屋の数は天保年間に増え始め、嘉永・安政年間から激増している。なお、これには文化年間に三田尻に開設された河野《こうの》養哲《ようてつ》の越氏塾や萩の仲東門の楽郡堂、早くに姿を消した松下村塾などはない。

長州藩に隣接する石見の津和野藩の藩校は、藩主亀井矩賢《のりかた》が天明五年（一七八五）に大坂の儒者の山口剛斎を招いて教授兼学頭として藩学創設を託し、翌年に校舎が落成して養老館と名付けられ、漢学・和学・医学・礼学・数学・兵学を教科とし、江戸の下屋敷を売却した利金を運営資金とした。嘉永元年に総教、準総教、文学総司、武芸総司を置き、諸生寮などの増築に着手し、医学のなかに蘭医科を置き、新たに国学を設け、教師の岡熊臣が学則を選び、これが藩の教育指針となり、学風は朱子学から国学が主流となった。

松下村塾

吉田松陰は天保十年（一八三九）に十歳で明倫館において家学を教授して、藩主敬親に賞され、

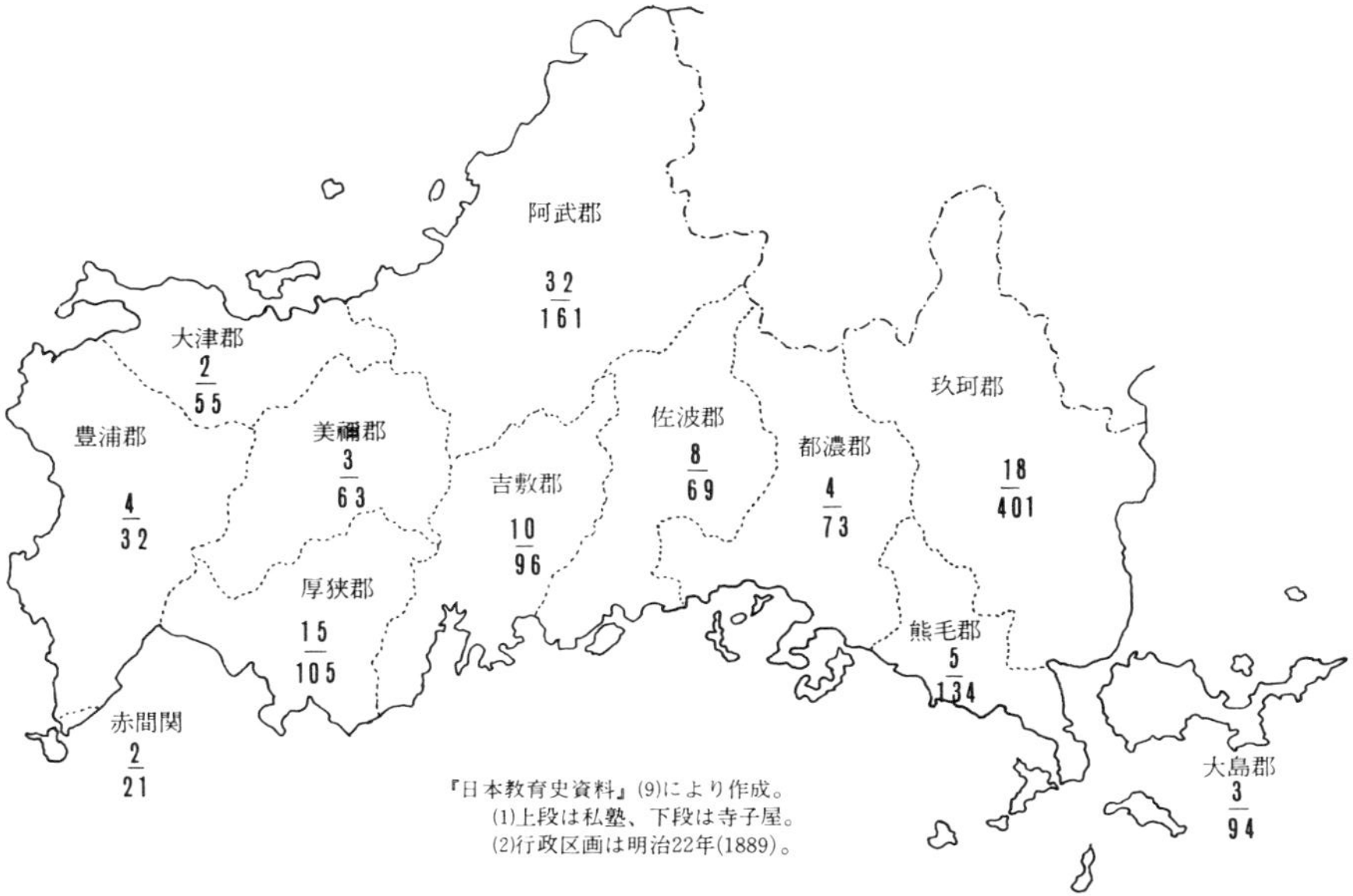

『日本教育史資料』(9)により作成。
(1)上段は私塾、下段は寺子屋。
(2)行政区画は明治22年(1889)。

図32　長州藩の私塾と寺子屋の数（郡別）
海原徹『近世私塾の研究』22 頁

嘉永四年（一八五一）三月に江戸に出ると、佐久間象山らに学び、水戸で会沢正志斎にあって尊王攘夷思想に触れ、東北旅行では足利学校や会津の日新館などを訪ね各地の著名人と交遊した。

同六年ペリー来航に接して、幕府を「意気の切れたる病人」にたとえて、藩主への意見書に「君臣一体」となって備えるべきことを記し、「言路洞開」（進言の道を開く）、君臣直通の衆議帰一、諸侯の糾合を提言し、軍備の強化を求め、諸改革のためには「普天率土の民、皆天下を以て己が任とし、死を尽して以て天子に仕へ、貴賤尊卑を以て之が隔限をなさず、これ則神州の道なり」と、檄を発した。

安政元年（一八五四）三月に下田のペリー艦隊に乗って密航を企てて失敗、江戸の獄に入った後、郷里の萩の野山獄に移されたが、その獄中の読書会において『孟子』を講義し、出獄した安政四年、叔父の玉木文之進の萩城下東郊の松本村にある松下村塾を継承し、翌年七月に藩許を得た。

松下村塾は下級武士や庶民の教育機関であるが、松陰の思想を慕って入門者が相次ぎ、しだいに政治集団の性格を帯びるようになった。松陰は『孟子』の講義を終えると『講孟余話』を著し、続いて『武教全書』『日本外史』などの講義を始めたが、特別なカリキュラムがあったわけではなく、塾生は自由に出入りしていた。

これらの書は、眼前の政治情勢を説明するための素材として用いられ、塾は世界情勢や我が国の実情を攻究する思想鍛錬の場となった。松陰は安政五年の通商条約を違勅であると激高し、尊王攘夷論を唱え、老中間部《まなべ》詮勝《あきかつ》の暗殺を画策したため藩命により獄に下るが、幕命によって江戸に送ら

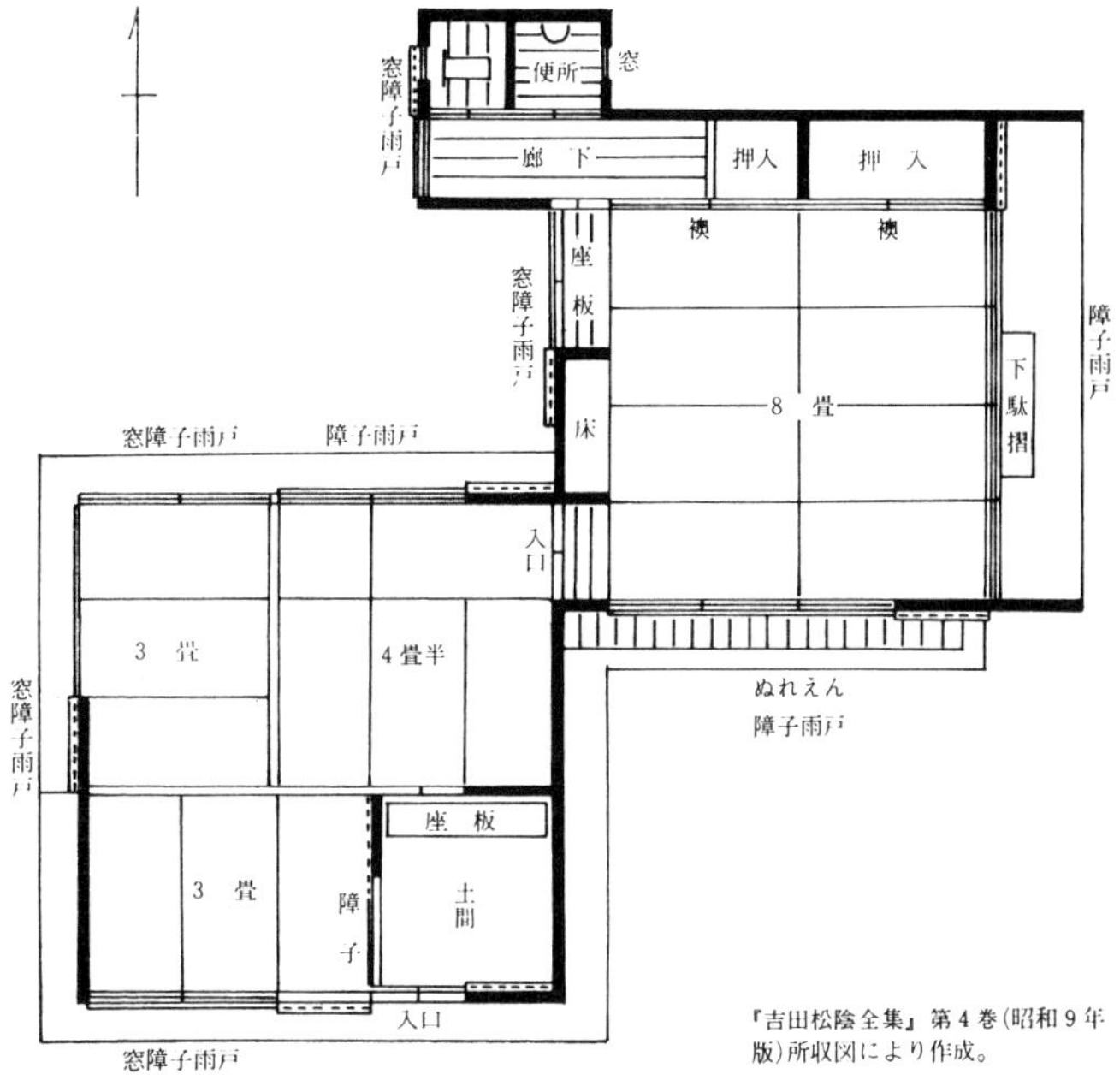

『吉田松陰全集』第4巻(昭和9年版)所収図により作成。

図33　松下村塾平面図
海原徹『近世私塾の研究』485頁

れ、国事奔走に動いていた梅田雲浜《うんぴん》との関係を理由に、斬首となった。

安政三年春以降に来学した九十二名の塾生は、士分六十、陪臣八、僧三、医師三などであった。主な塾生は高杉晋作・久坂玄瑞・吉田栄太郎・入江杉蔵・楢崎弥八郎・寺島忠三郎・中谷正亮・大楽源太郎・野村靖・前原一誠・伊藤俊輔・山県有朋・山田顕義・品川弥二郎らである。

そのうち久坂玄瑞は、藩医の久坂良廸《りょうてき》の子で九州を遊学して松陰の門下に入り、松陰に「防長少年、第一の人物」と評され、文久元年（一八六一）十二月に同志らと「松下村塾塾生一灯銭申合」を結んだが、これには萩の前原一誠、品川弥二郎、山県有朋、在府の高杉晋作・伊藤博文・桂小五郎らが加わっており、塾は同志的結合が強かった。その後、玄瑞は元治元年（一八六四）の禁門の変で自害した。

長崎の養生所・英語所

久坂玄瑞と並び松陰の門人の双璧と謳われた高杉晋作は、安政四年（一八五七）に藩校の入舎生になり、松下村塾に学んで翌五年に昌平黌に入学し、佐久間象山を知るが、藩命で帰国して万延元年（一八六〇）に明倫館の都講となり、二年後の文久二年に長崎から上海に渡り中国の実情を知るところとなる。

長崎ではその前年に、オランダの海軍軍医ポンペによる建議で、幕府が長崎小島郷に付属の病院とともに医学所を開設していた。頭取は松本良順、教頭がポンペ、病院は長崎養生所と呼ばれ、慶応元年（一八六五）に医学所と統合して精得館と呼ばれ、分析窮理所を付設して、ハラタマを招いて化学を教えた。

幕府は長崎の海軍伝習所内の洋語伝習所を改組し、安政五年に英語伝習所を設立、和蘭通詞の楢林栄左衛門、西吉十郎を頭取とし、伝習所教官のウィッヘルスらを英語教師とし、和蘭通詞、唐通詞、地役人の子弟を教えており、文久二年（一八六二）に奉行所隣接地から片淵郷の乃武館《だいぶ》に移し、英語所と改称、頭取を中山右門太、稽古世話役を柴田大介とし、英語教育機関として整備した。

高杉は帰国後に久坂とともに江戸に出て文久三年に松陰の遺骨を小塚原で回収、荏原郡若林村に改葬した後、六月に下関の防御の任にあたって奇兵隊を結成、長州戦争に臨んだのだが、慶応三年（一八六七）四月に下関で病没した。

大村益次郎は、長州藩の周防吉敷郡鋳銭司《すぜんじ》村の村医の子に生まれ、咸宜園に学んだ後、故郷に帰って医業を営むも、弘化三年（一八四六）、大坂に出て緒方洪庵の適塾で学び、長崎に遊学した後に再び適塾の塾頭になっている。

大坂では文化十四年（一八一七）に医業を開いた中天游《てんゆう》が、『視学一歩』など物理学の本を著すかたわら、教育に力を尽し「思々斎塾」を設けた。その弟子の緒方洪庵は文化七年（一八一〇）に備中足守藩士の家に生まれ、文政八年（一八二五）に足守藩大坂蔵屋敷の留守居役の父に連れられ大坂に出て、同九年（一八二六）に中天游に入門して四年間、蘭学、医学を学び、天保二年（一八三一）、江戸に出て坪井信道の塾「日習堂」に入った。

適塾とその門人

坪井信道は文政十二年（一八二九）に深川三好町に安懐堂を創設、天保三年（一八三二）に深川冬木町に日習堂を開設し、二つの蘭学塾を経営、二百六十九名の来学者があり、その出身地も五十九か国に及んだ。

洪庵は、信道の師である宇田川玄真にも学んで、蘭書の翻訳の力をつけ、同七年、長崎に遊学し青木周弼《しゅうすけ》・伊東南洋とともに薬剤・処方の本『袖珍内外方叢《しゅうちんないげほうそう》』を訳し、同九年（一八三八）に大坂に帰って医業を開業し、蘭学塾「適々斎塾（適塾）」を開いた。

その適塾は、塾頭、塾監、塾生からなり、学級が八級に分かれ、文法からはじめて原書の勉強へと進む。各級は毎月六回の「会読」を行ない、成績は「会頭」が採点し、会読が終わると、市中に繰り出して勝手きままに振舞うものだったという。長与専斎《ながよせんさい》は「四方より学ぶもの常に百人を越え、四時の輪講絶ゆることなく、当時全国第一の蘭学塾なりき」と記している。

福沢諭吉は洪庵について、「先生の平生、温厚篤実、客に接するにも門生を率いるにも、諄々《とくとく》として応対倦《う》まず、誠に類い稀れなる高徳の君子なり」と評し、厳格な姿勢で塾生の学習態度に臨み、しばしば塾生を叱責したが、決して声を荒らげずに笑顔で教え諭すやり方であって、これがかえって塾生を緊張させ、先生の微笑んだ時が怖い、と塾生に言わしめた、という。こうした雰囲気のなかで、多くの人材が育った。

洪庵は安政五年（一八五八）のコレラの流行では、『虎狼痢治準《ころりちじゅん》』と題する治療手引書を出版し

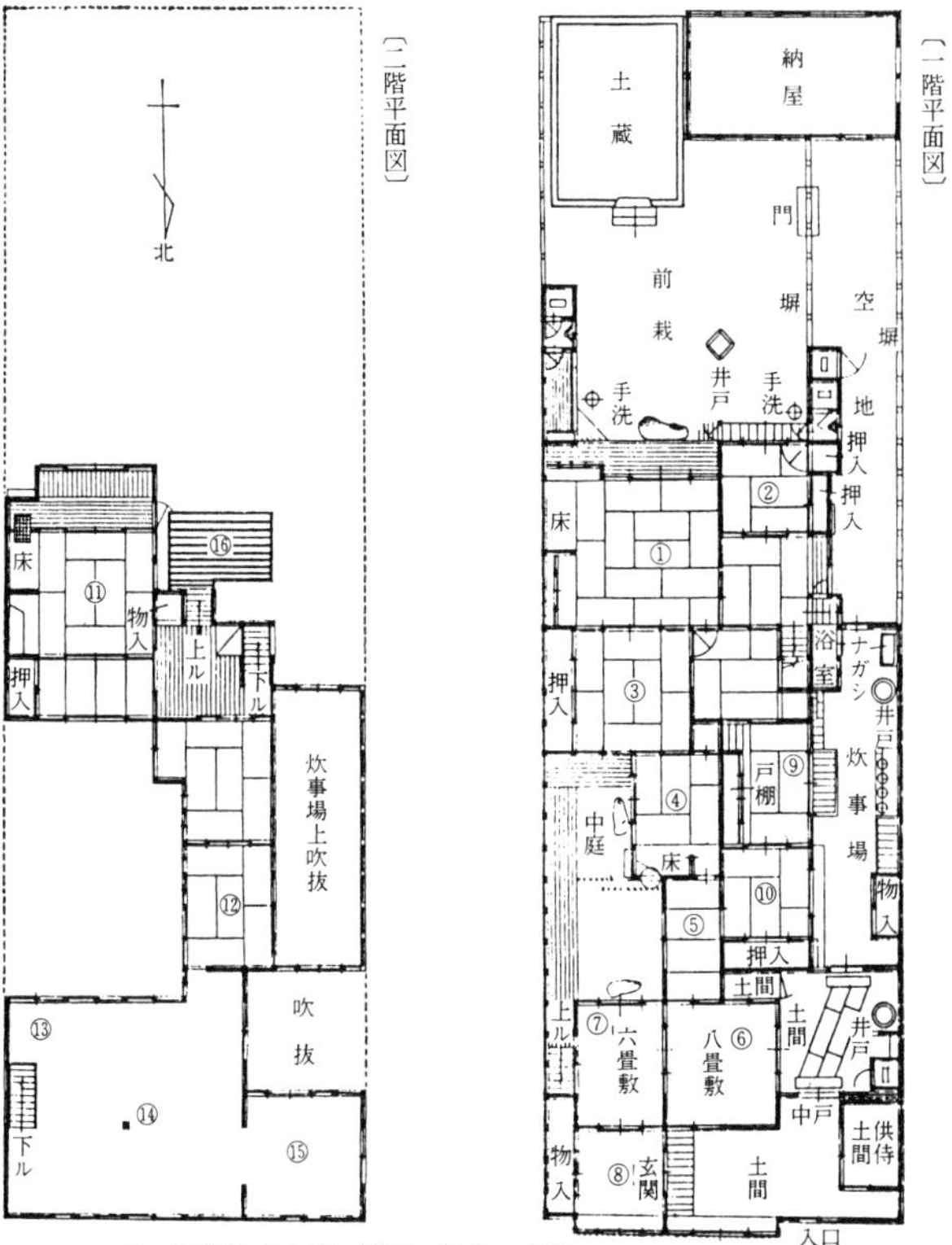

①—④洪庵とその家族が使用
④　　茶室風
⑤⑥⑩塾生用
⑨⑩　塾生の食堂
⑫—⑮塾生の固有の部屋
⑫ヅーフ部室
⑭大部屋の中央にある柱(多数の刀痕)
⑬塾頭の場所
⑯物干場
⑪北側の4畳とともに明治後の増築

緒方富雄『緒方洪庵伝』所収図による。

図34　適塾の平面図

海原徹『近世私塾の研究』255頁

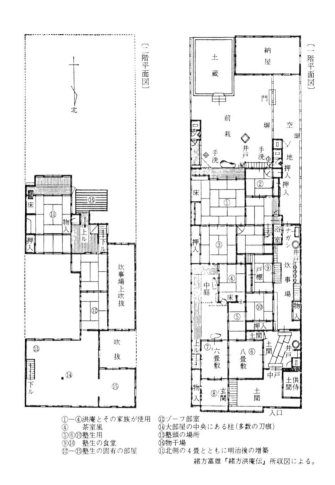

て配布し、文久二年（一八六二）、江戸で蘭学塾を開く伊東玄朴らの推挙で、幕府の西洋医学所二代目頭取への出仕要請があって、固辞したものの度重なる要請で奥医師兼西洋医学所頭取となるが、翌年に急死した。伊東玄朴の象先堂は天保四年（一八三三）以降に教育活動を始め、閉塾までの来学者は総計四百六名、出身地は六十一か国に及ぶ。

適塾からは幕末から明治維新にかけ活躍した人物を輩出した。『入門帳』があるので、入門順にあげると、東条英庵、大村益次郎、佐野常民《つねたみ》、橋本左内、大鳥圭介、長与専斎、福沢諭吉、高松凌雲等々で、あわせて五百人ほどになる。

そのうち大鳥圭介は、播磨姫路藩の医師小林直輔の子で、閑谷学校に学び、洪庵の適塾で学んだ後、安政元年に蘭方医の坪井忠益に入門し、同四年に伊豆韮山の韮山塾で兵学を修め、その推挙で幕府の鉄砲方付の蘭書翻訳方出役になった。

佐野常民は、文政五年（一八二三）に肥前佐賀郡早津江村の藩士の子として生まれ、天保二年（一八三一）に藩医佐野常徴《つねみ》の養子となって藩校弘道館に学び、天保八年（一八三七）に江戸に遊学、儒学を古賀侗庵《どうあん》に学んで同十年に帰藩、弘道館で考証学を、松尾塾で外科術を学んだ。

福沢諭吉は、豊前中津藩の下士の福沢百助の子として大坂に生まれ、漢学を学んで頭角を現し、安政元年（一八五四）に長崎に赴いて蘭学を学び、翌年に大坂に出て緒方洪庵の適塾に学び、安政四年（一八五七）に適塾の塾頭となったが、藩からの指示もあって翌年に江戸に出て築地鉄砲洲にあった藩の中屋敷に住み込み蘭学を教えた。

安政六年（一八五九）、日米修好通商条約によって開港場になった横浜の見物に出かけた諭吉は、英語の重要性を痛感して英語の勉強を始めたところ、日米修好通商条約の批准交換のための使節団派遣を聞き、万延元年（一八六〇）正月に咸臨丸に乗ってアメリカに渡る。石造りの建物や馬車・絨毯・ガス灯などを見聞、随行していた中浜万次郎と『ウェブスター大辞書』の省略版を購入、持ち帰って翻訳作業にあたり、蘭学塾を英学塾へと方針転換し、文久元年（一八六一）の遣欧使節では正式に翻訳方として翌年に旅発った。

宇和島藩の藩校と開成所

大村益次郎は嘉永三年（一八五〇）、父に請われ帰郷して開業し村医となるが、医業が振るわず、同七年に伊予宇和島藩の伊達宗城《むねなり》に迎えられた。宗城はこれ以前に藩士教育と兵書翻訳のために高野長英を招き、長英は蘭学塾五岳堂を開いてこれにあたるも、翌年に宇和島を去っていた。益次郎は蘭学者の二宮敬作や長英門下で蘭学に造詣の深い藩士大野昌三郎らと知り合い、西洋兵学・蘭学の講義と翻訳を手がけ、城北部に樺崎砲台を築き、細工職人嘉蔵（前原功山）と軍艦雛形の製造に関わった。

宇和島藩の藩校は寛延元年（一七四八）に藩主の伊達村候《むらとき》が学校を堀端側通りに設けて内徳館と称し、安藤陽洲が教授となって始まる。明和年中に武芸所を増設、文政二年に学制を改め、寛政六年に敷教館《ぶきょうかん》としていたのを文政二年（一八一九）に明倫館と改め、伊達宗紀《むねただ》が天保三年（一八三二）

に学内に培・達の二寮を設け、藩士の子弟は七、八歳で明倫館に入り、素読を終えた十五、六歳以上の生徒を培寮に入れて講習させ、篤志者は達寮に入って高等教育の課程を終了した。安政三年（一八五六）に宗城は小学校を付設して卒族に句読を授けた。

益次郎はその安政三年に江戸に出て、私塾「鳩居堂」を麴町に開塾して蘭学・兵学・医学を教え、幕府の蕃書調所教授方手伝となり、外交文書、洋書翻訳のほか兵学講義、オランダ語講義などを行なった。この時に教授になったのが箕作阮甫と杉田成卿で、川本幸民、高畠五郎、松木弘安、手塚律蔵、東条英庵、原田敬策、田島順輔、木村軍太郎、市川斎宮、西周、津田真道、杉田玄端、村上英俊、小野寺丹元らが教授手伝となった。

箕作阮甫は美作津山藩の藩医の家に生まれ、天保五年に江戸八丁堀で医院を開き、伊東玄朴の名で翻訳を行ない、種痘所設立の願いでは拠出者の筆頭となり、天保十年に蕃書和解御用を命じられた。西周は石見津和野藩の藩医の家に生まれ、脱藩して蘭学ついで英学を杉田成卿・手塚律蔵に学び、英語の発音を中浜万次郎に学んだ。津田真道は箕作と同じく津山藩の藩医の家に生まれ、江戸に出て漢学・儒学・蘭学を学んだ。

益次郎は同四年に築地の幕府の講武所教授となるが、万延元年（一八六〇）に藩命で郷里に帰ったのに対し、文久二年（一八六二）に西・津田らはオランダに留学した。蕃書調所はその年に洋書調所、翌三年八月に開成所に改められ、箕作阮甫はその年に亡くなる。

開成所は慶応の改革の一環として、英語・仏語・数学各科の定員を増やし、教官の能力に応じて三等級にわけ、等級ごとに職掌を定めて教官配置と管理の合理化をはかり、身分の隔てなく職階性を導入した。さらに幕府の有志を対象に西洋の地理学・窮理学・兵学などを日本語で講義する日講を始めた。

福沢諭吉と文明

文久元年（一八六一）に竹内保徳を正使とする文久遣欧使節が派遣されると、諭吉は今度は正式に翻訳方として翌年正月に旅発った。地中海を経てマルセイユに上陸、リヨン、パリ、ロンドンを訪れ、万国博覧会を視察し、蒸気機関車・電気機器・植字機に触れた。ペテルブルクでは、陸軍病院で外科手術を見学、ヨーロッパとの文化的差異に驚きつつ、病院や銀行・郵便法・徴兵令・選挙制度・議会制度など未知の事柄を調べた。

文久二年十二月に帰国した後、翌年にその海外体験に基づいて『西洋事情』初編三冊を出版すると、ベストセラーになり、二十万から二十五万冊は流布したという。慶応三年（一八六七）に再びアメリカに渡って、『西洋事情』外編三冊を著したが、その『西洋事情』は政治、税制度、国債、紙幣、会社、外交、軍事、科学技術、学校、図書館、新聞、文庫、病院、博物館、蒸気機関、電信機、ガス燈など個別に紹介している。

政治については、君主政、貴族政、共和政の三種類の政体があり、イギリスではこれらの政体を組み合わせていると記し、法の下で自由が保障され、人々の宗教には介入せず、技術文学を振興し、学校で人材を教育し、安定的な政治の下で産業を営み、病院や救貧院等によって貧民を救済していると紹介した。

本書が売れた理由について、有志の輩が開国を決断したけれども、国を開いて「文明」に入ろうとするのに何か拠り所がないかと「当惑」していたところに、本書に接し「一見是れは面白し、是れこそ文明の計画に好材料」ととびつくようになったからであり、「朝に野に苟《いやしく》も西洋の文明」を談じるようになったという。

諭吉は慶応四年に塾を芝新銭座に移して慶應義塾と称した。同年の明治元年六月に開成所が新政府に移管され、九月になって開成学校として再開された。図は『日本教育史資料』から私塾と寺子屋の開業数を県別に表したものである。

明治六年の調査のため、明治以後の開業も含むが、およその数は知られる。岩手・茨城・埼玉・奈良・香川・愛媛については未報告のため記されていない。江戸・京都・大坂の三都が多いのは、その人口からして多いのは当然としても、長野・愛知・岡山・山口・熊本県で寺子屋が多く、私塾は岡山・山口・長野・大分の順に多い。年次別に見ると、寺子屋の開業数で見たように、塾ともに文政に増え始め、天保期に激増する。

これまでみてきた改革の時代の動きは、嘉永六年（一八五三）のペリー来航からの安政の幕政改革にはじまって、諸藩での政治機構や制度、軍事、教育など諸改革が行なわれた末に大政奉還、そして「大政一新」の明治維新となったのである。

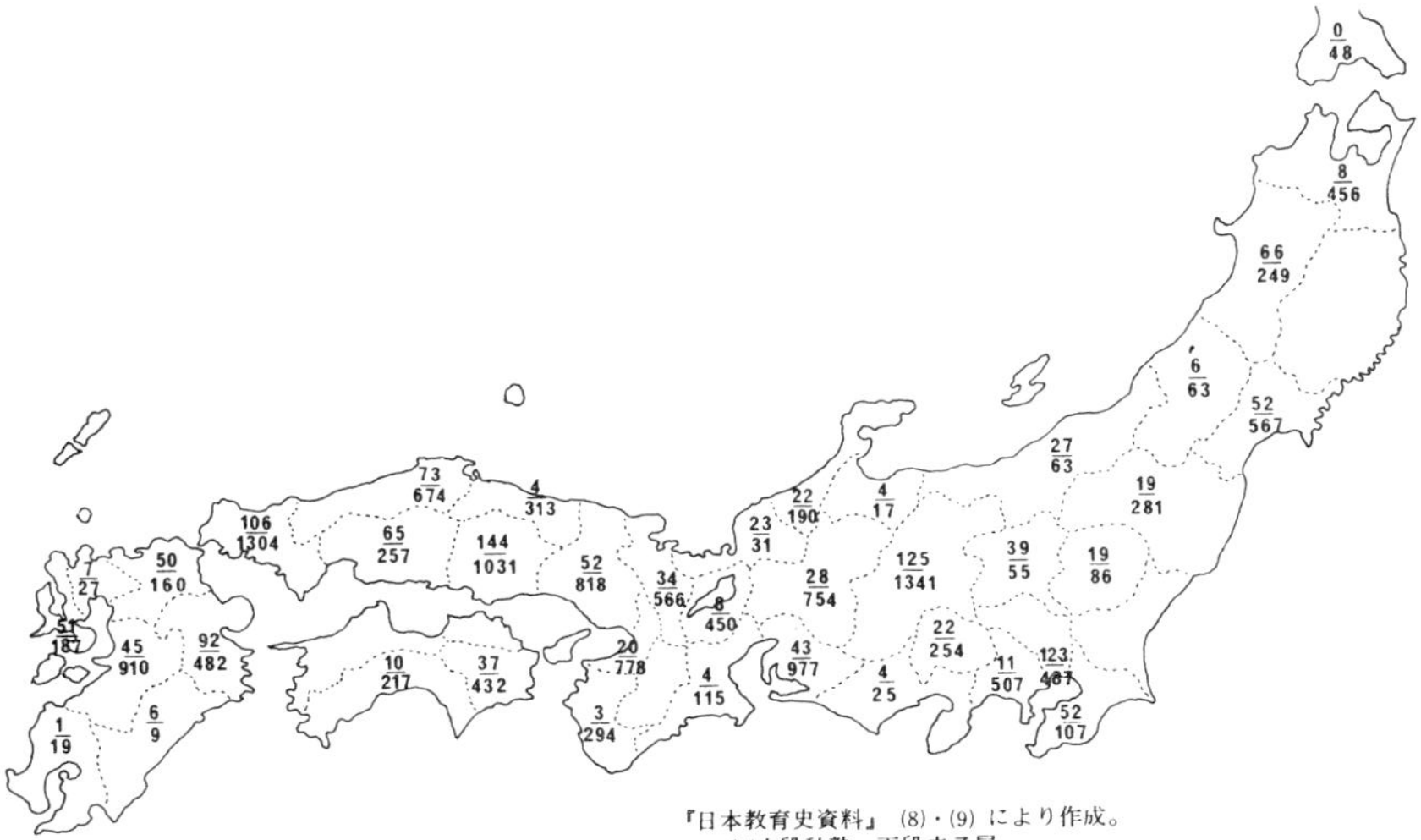

『日本教育史資料』(8)・(9) により作成。
(1)上段私塾，下段寺子屋。
(2)岩手，茨城，埼玉，奈良，香川，愛媛については未報告。

図35　私塾と寺子屋の開業数
海原徹『近世私塾の研究』19頁

諭吉は明治三十一年(一八九八)刊の『福翁自伝』で、『西洋事情』が西洋の文明の総体を記したことから、人々はこの文明を指針として進んできた、と指摘し、また「人生の始めは蒙昧にして次第に文明開化に導くものなり」と記したが、文明は英語の「civilization」の訳語である。

第八章　文明と環境の学校

文明と学校

明治期は文明開化に始まり、明治六年（一八七三）の森有礼、西・津田・諭吉らの明六社の啓蒙活動、翌年からの自由民権運動、その運動の請願に発した明治十四年の国会開設、明治二十二年の大日本帝国憲法の発布、大正デモクラシー、戦後の民主化、「安保闘争」へと推移する。

文明はその名のもとで戦争が遂行されてきたのであり、日本でも明治二年（一八六九）五月に榎本武揚が降伏して戊辰戦争が終わると、征韓論が、明治十年には士族反乱にともなう西南戦争が起き、明治二十七年に日清戦争、同三十七年（一九〇四）に日露戦争、さらに日中戦争、そして太平洋戦争となる。

学校教育の面を見ると、明治二年に大学校（医学所の大学東校、開成所の大学南校）が設立され、閑谷学校は藩学校となり、同四年に文部省が生まれ、廃藩置県で藩校が廃されると閑谷学校も廃された。足利学校は元年に新政府に移管され、藩校求道館が設立されるが、五年に足利藩が解散し、足利学校も閉鎖となった。

その五年にフランスの学校制度にならった統一的学制が公布され、国民各自が身を立て、智をひらき、産をつくるための学問という教育観のもと、学校教育の普及、男女等しく学ぶ国民皆学を目指した。

全国を八大学区に分け、各大学区に大学校一、中学校三十二、各中学区に小学校二百十を設ける規定で、予定では小学校が五万三千校となるものであり、この義務教育制下において教科書は自由に出版された。

こうした構想は、全国に寺子屋や塾、藩校が広範に存在していたから可能になったものだが、国家財政の裏付けがなく、建築は国民が負担すべきものとされ、住民の浄財でまかなわれたので、多くは寺子屋や寺院、民家を借り上げ、改修して開校にこぎつけた。

神奈川県では、横浜の高島嘉右衛門の塾が高島学校として公立学校になった例はあるが、多くの塾は非公認の塾として存続した。明治六年、神奈川県は学制を施行、従来の筆学所（寺子屋）を一切廃止、教師は試験で選抜され、一小学区に一小学校の設置、児童の経費は区が負担、校舎や学校運営の経費は、有志の募金で賄うものとされ、大矢弥市の郷学校も廃された。

その年の五月までに小学舎を設立するよう通達があり、県下で創設された小学校は、十月の段階で十一校、年末に三百八十二校に増加した。同七年に県下の教員を召集し、授業方法の教育がなされ、県内四か所に小学校教員養成所が開設された。明治十年には、全国で約二万五千の小学校が開設されたが、当初の構想の約半分であった。

建設された学校の建築様式は、在来の工法による和風と、擬洋風（準洋風）に大別されるが、文明を象徴するのが後者であり、静岡県の見付学校は明治六年に開校の準備が始まり、八月に寺院を仮校舎とし、見付区長兼学区取締の古沢脩《おさむ》ら町の有力者によって資金が調達され、明治八年八月に落成した。基礎は高い石垣、間口は十二間、奥行五間の木造洋風二階建てで、屋上に二層の楼が重ねられている。

明治九年に一万二千円の大金をかけ建てられた長野県の開智学校は、その工費の七割が松本町の全住民の戸別献金で賄われた。玄関と二階のバルコニーには中国風の龍や雲、西洋のキューピットが混在するデザインである。長野県にはほかにも中込《なかごみ》学校や中野尋常小学校があり、山梨県には睦沢《むつざわ》学校・津金《つがね》学校など県令藤村紫朗の名をとった藤村式建築の校舎が建てられた。

そうした擬洋風校舎には、繰形や柱頭に装飾のついた柱のデザイン、屋上に塔屋がそびえるもの、正面にベランダのついたバンガロー様式のものなど、意匠に粋を凝らした威風堂々としたものが多かった。

明治の学校

女子教育は横浜に始まる。明治四年にアメリカ人女性宣教師が横浜山手にアメリカン・ミッショ

図36　旧見付学校
磐田市教育委員会画像提供

ン・ホームを設立、翌年に日本婦女英学校と改めた。キダーは明治三年にヘボン塾を継承して同八年に「アイザック・フェリス・セミナリー（現在のフェリス女学院）を開設した。東京では明治五年に官立の東京女学校ができ、ついで女子師範学校が設けられた。

明治政府は北海道開発を重視して開拓使を設置、開拓指導者養成のため東京の芝増上寺に仮学校を開設、明治八年に学校を札幌に移して札幌学校とし、九年にアメリカのマサチューセッツ農科大学長のクラークを招いて教頭とし、札幌農学校と命名した。その建物は一階が教室と実験室、二階が演武場である。

新島襄の同志社が明治八年に京都に設立されてから以後、私学が次々に誕生、特色

図37　開智学校
松本市教育委員会画像提供

ある学風を発揮した。十年に大学南校と東校を統合して東京大学が設立され、多くの外国人教師が招かれ、産業教育でも多くの学校が生まれた。

明治五年の学制を画一的に実施することには多くの問題が生じ、学校運営に地方の経済的負担が大きかったので、極力、地方の事情を考慮し、円滑に教育制度を進めてゆく必要もあり、明治十二年（一八七九）九月に教育令が出された。教育の権限を大幅に地方にゆだね、地方の自由にまかせるとともに、学校を「小学校・中学校・大学校・師範学校・専門学校・その他各種の学校」に分け、学区制を廃し、町村を基礎にして小学校が設置された。

町村住民の選挙によって「学務委員」を設けて学校事務を管理させ、就学義務を学齢期間中少なくとも十六か月とし、入学しなくても別に普通教育を受ける方法があれば、就学とみなした。修業年限を八年としたが、四年までの短縮を認めた。私立小学校があれば公立小学校を設置しなくてもよく、資力に乏しい地方では巡回教員による方法も認めた。

この改正は「自由教育令」と呼ばれたが、小学校教育を後退させ、地方によっては児童の就学率が減少、経費節減のために廃校、あるいは校舎の建築を中止する事態が生じた。そこで明治十三年（一八八〇）に改正教育令が発された。国家の統制・政府の干渉を基本方針としたもので、従来の学校に新しく農学校・商業学校・職工学校を加え、文部卿による認可を規定し、府知事・県令（後の県知事）の権限を強化した。

これにより府県ごとに教育関係の諸規制が整えられ、小学校をはじめ師範学校、中学校等が次第

図38　札幌農学校
明治34年（1901）撮影　北海道大学附属図書館蔵

に発達した。小学校では学年編制ができ、学年段階別に編集された教科書も使用されるようになった。

明治十九年には、帝国大学令、教員養成機関を規定する師範学校令、初等教育相当の機関を規定する小学校令、中等教育相当の機関を規定する中学校令、および学校設備などを規定する諸学校通則が順次公布され、以後、各種別の学校が規定された。なお小学校・中学校令で教科書は検定制になった。

明治二十二年に大日本帝国憲法が発布され、翌年に「教育に関する勅語」が発布されたことで、政府の教育政策や教育の目的が鮮明に打ち出され、教科書は明治三十六年（一九〇三）に国定制になる。

学校建築は、擬洋風建築では教室の環境条件が悪く、廊下が設けられず、方位や日照、採光・通風・換気が考慮されていないことから、明治二十四年に「小学校設備準則」が出され、一教室八十人、二十坪、間口五間、奥行四間の教室が標準となり、二十八年の「学校建築図説明及設計大要」では採光や通風などの環境を考慮したモデルプランが示された。そのモデルプランによる学校と、それ以前の長野の中込学校の平面図を掲げる。

経済の時代へ

一連の学校令により、学校制度は整備されたが、教育への国家支配が顕著になるなか、その頃か

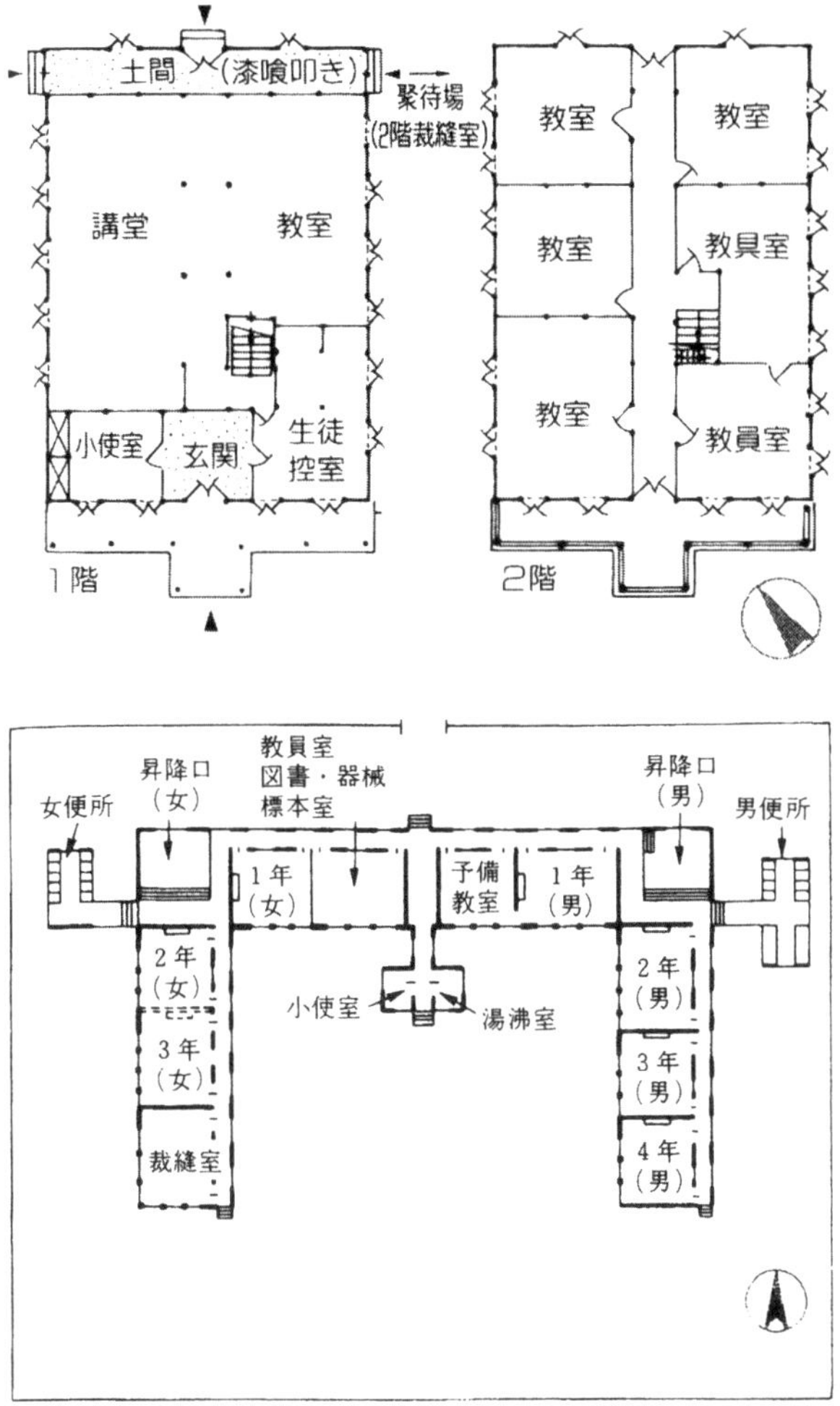

図39　中込学校（上）と設計大要のモデル（下）
上野淳『学校建築ルネサンス』12頁

ら鉄道や紡績業を中心に会社設立ブームがおき、企業が勃興し、機械技術を用いた産業革命が本格的に始まった。

明治二十七年（一八九四）に始まる日清戦争の勝利で、巨額の賠償金を得た政府は、軍備拡張を進め、鉄道や紡績で再び企業が勃興、資本主義が成立した。こうした近代産業を支える職業人を育成する実業学校の設立が急務となり、明治三十二年に実業学校令と工業学校規定や農業学校規定などが定められ、神奈川県では明治四十五年に神奈川県立工業学校が開校した。

産業革命の推進を担った紡績業では機械制生産が急増し、明治二十三年に綿糸生産量が輸入量を上回り、日清戦争頃から中国・朝鮮への綿糸輸出が急増、同三十年に輸出量が輸入量を上回った。日清戦争後の造船奨励政策のもとで三菱長崎造船所などが成長するなか、政府は官営軍事工場の拡充を進め、鉄鋼の国産化をめざし、明治三十四年（一九〇一）に八幡製鉄所を設立し、日露戦争の頃に生産を軌道にのせた。

日露戦争は韓国に多くの権益を得た政府が権益を守るため、中国東北部の満州を事実上占領し、南下してきたロシアと交渉を進め、その交渉が決裂して明治三十七年（一九〇四）に開戦となり、翌年まで続いたが、両国とも戦争遂行が困難になって、講和条約が結ばれ、日本は多くの利権を得たことから、以後、それを守ると称し、大陸に侵攻していった。

こうした動きに沿って、大学での学問にも変化が現れ、明治四十一年（一九〇八）に東京帝国大学法科大学の政治学科が政治学科と経済学科の二学科に分離、大正八年（一九一九）に経済学科と商業学科を独立させ、日本最初の経済学部が設置され、京都帝国大学も経済学部が設置された。

それとともに同九年に慶應義塾大学部が慶應義塾大学に昇格、私立大学で最初の経済学部を設置し、法政大学と中央大学も大学に昇格して経済学部を設置するなど経済学部の設置が続き、大学令による大学に昇格した専修大学も、二年後に経済学部を設置、その翌年に関西大学が商学部を経済学部に改称した。

経済学を教える学科や学部はそれまでにもあって、東京大学の文学部第一科が「哲学政治学及び理財学科」に改称され、経済学の講義は「理財学」と称され、慶應義塾大学部が発足すると文学科・法律科と並んで理財科が設置されていた。理財科とは経済学を教授する学科である。

経済という語は、英語のエコノミー economy を維新期に翻訳したものだが、これには世の中をいかに経営すべきかを考える「経世済民」の「経済」が訳語にあてられた。江戸期の儒者で、享保十四年（一七二九）に足利学校を来訪した太宰春台に『経済録』という書物がある。翻訳語は従来の語があてられたので、その本来の語と外国語の二つの意味を含むことになった。つまり経済は英語の economy と「経世済民」とを含意していたのである。

これまで文明とともに歩んできた時代は、装いを変えて登場した経済を中心にまわってゆくことになる。工場制工業が勃興するにつれ賃金労働者が増加、日清戦争直後から賃金引き上げを要求する労働者のストライキが始まり、明治三十年（一八九七）に労働組合期成会が結成され、公害のはしりである足尾銅山の鉱毒事件が社会問題となった。

戦争と文明を結ぶ経済

一九一四年（大正三）に第一次世界大戦が起きると、日本は日英同盟を理由にドイツに参戦し、中国におけるドイツの根拠地である青島と山東省のドイツ権益を接収し、赤道以北のドイツ領南諸島の一部を占領した。翌年には中国に二十一か条の要求をつきつけて山東省のドイツ権益の継承、南満州の権益強化、日中合弁事業の商人などを認めさせた。戦争は明らかに経済を目的に行なわれたのである。

第一次世界大戦の後、大戦景気が到来し、運送業・造船業が空前の好況となり、鉄鋼業や化学工業、電力業など工業が躍進、工業労働者百万人を越えるようになるなか、普通選挙制度を求める普選運動や言論・集会・結社の自由に関する運動、男女平等、部落差別解放運動、団結権、ストライキ権などの獲得運動、自由教育の獲得・大学の自治権獲得の運動、様々な自主的集団による運動が展開した。これを大正デモクラシーと呼ぶ。

それにともなって都市化や社会の大衆化が顕著になった。中学校の生徒数は大正九年の十七万人が、昭和五年に三十四万人に倍増し、大正七年の高等学校令で高等学校の増設が認められ、同年の大学令で総合大学の帝国大学のほかに単科大学や公立・私立の大学設置が認められ、大正七年に約九千人の大学生が昭和五年に約七万人へと増加した。

子供の興味や関心を中心にした教育実践を目指す自由教育運動がひろがり、東京の成城小学校や、東京府立第五中学校など個性の尊重を目指した新教育を行なう学校が創立された。都市にインテリが増え、サラリーマンが大量に出現、タイピストや電話交換手などの職業婦人が進出、新聞・雑誌・ラジオ・映画などのマスメディアが急速に発達し、労働者やサラリーマンなど一般勤労者を担い手とする大衆文化が誕生した。

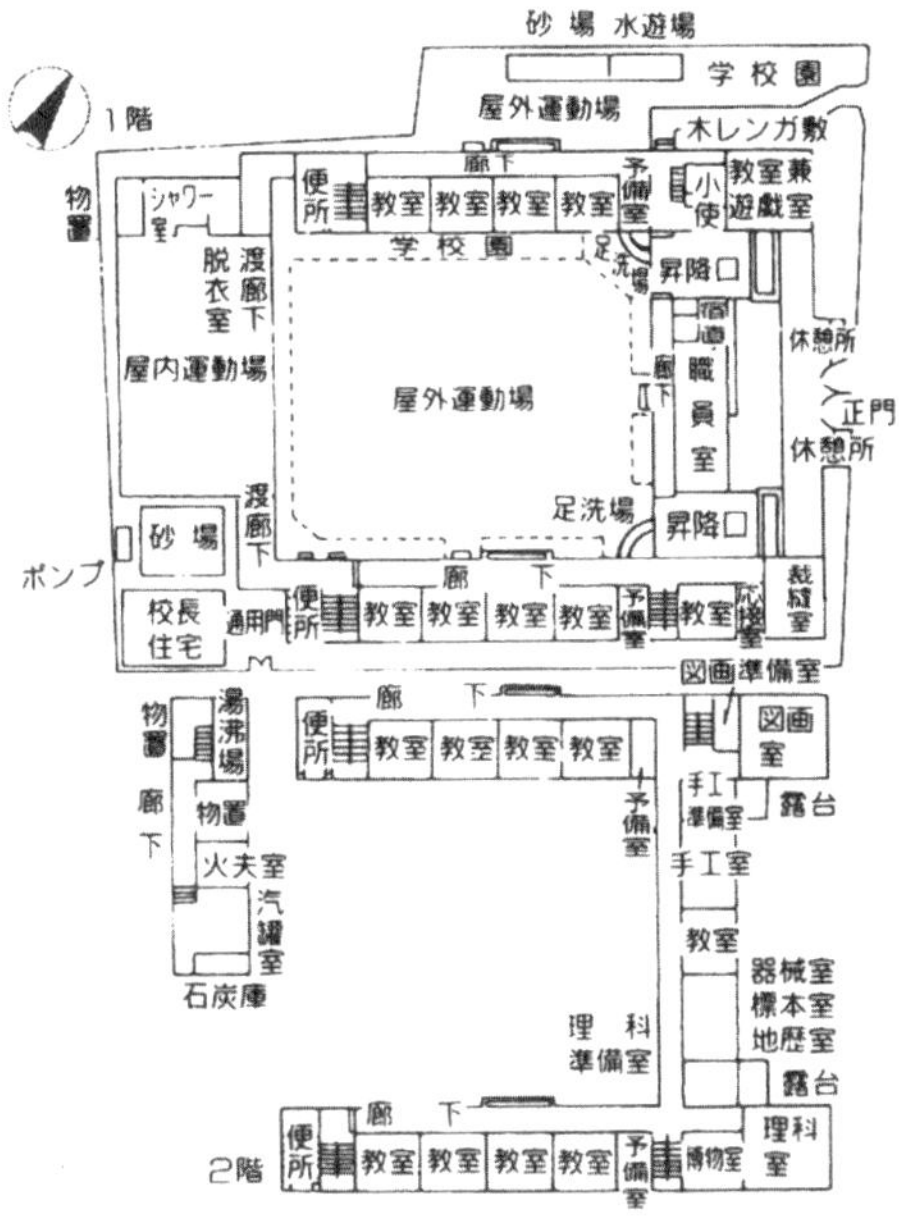

図40　番町小学校
上野淳『学校建築ルネサンス』14 頁

その傍ら日本経済は、大正十二年に関東大震災が起きて銀行が大打撃を受け、手持ちの手形の決済が不可能になり不況が慢性化した。東京の小学校は、本所区や浅草区など下町地域を中心に全百九十六校中の百十七校が焼失した。このため罹災小学校は、すべて耐震・耐火構造をもつRC構造(コンクリートを鉄筋で補強する)で建築するようになった。前頁図は番町小学校の平面図である。このRC構造の建築は戦後に普及した。

昭和二年に銀行の取り付け騒ぎが起き、銀行の休業が続出する金融恐慌となったが、昭和五年には世界恐慌の影響を受けて昭和恐慌が起き、企業の操業短縮、倒産が相次ぎ、失業者が増大した。

昭和六年(一九三一)に満州の権益を守るために満州事変がおき、昭和十二年に始まる日中戦争は満州に隣接する中国北部地域を支配下に組み込むことで権益の拡大を狙った関東軍と、満州の失地回復と華北の中央化を狙った国民政府との衝突から全面戦争になった。

一九三九年に第二次世界大戦がはじまると、日中戦争の開始以来、軍需産業用の資財が日本の経済圏(日本領土・満州・中国占領地)では足りず、欧米の植民地である南方に進出し、「大東亜共栄圏」の建設をはかり、石油・ゴム・ボーキサイトなどの資源を求めた。これに欧米は対日経済封鎖をすすめ、日本は北部仏印に進駐し、日独伊三国同盟を締結、さらに南部仏印進駐を決定した。アメリカは日本資産を凍結、対日石油輸出を禁止し、昭和十六年(一九四一)に日米開戦、太平洋戦争が始まる。

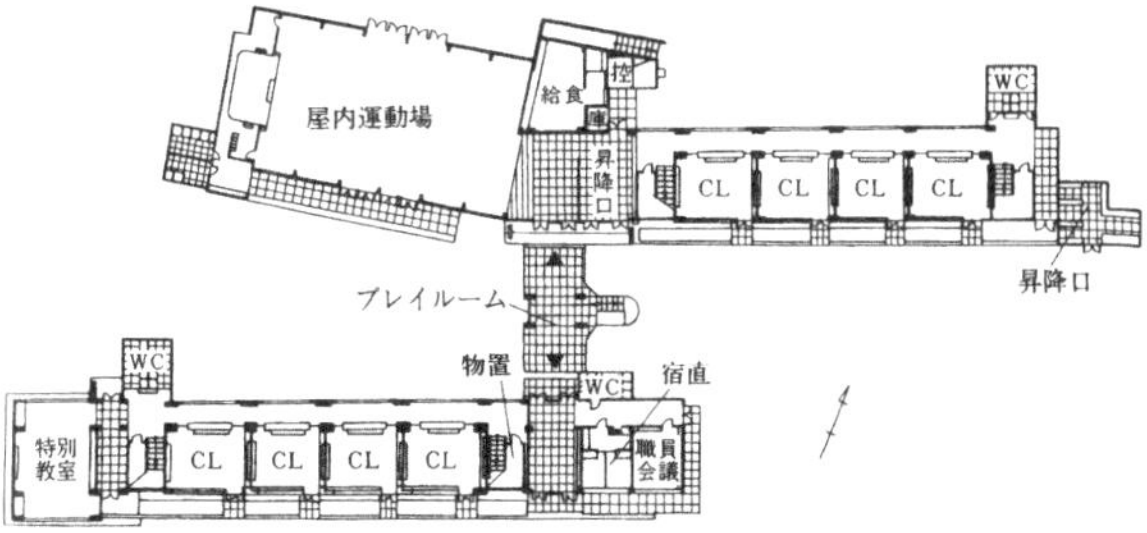

図41　西戸山小学校

1950年のモデルスクール　上野淳『学校建築ルネサンス』15頁

敗戦後は主権在民・平和主義・基本的人権の三原則に基づく日本国憲法の制定に始まって、民主化が多方面で進められた。昭和二十二年に教育の機会均等、男女平等を原則とする教育基本法が制定され、義務教育が九年に延長され、学校基本法で六・三・三・四の新学制が発足した。

昭和二十六年にサンフランシスコ平和条約の調印で連合軍の占領が終結、日米安全保障条約が同日に調印され、アメリカ式生活がとりいれられ、多くの新聞や雑誌が誕生、民主化が進み、人文・社会科学の分野で民主化・近代化の研究が進められた。

大ダメージを受けた経済は、朝鮮戦争の特需景気をバネに復興、昭和三十年代には神武景気という大型景気をへて、成長率が年平均十パーセントを越える急テンポの成長を続け、国民総生産（GNP）が四十三年（一九六八）にアメリカに次ぐ第二位に達した。

環境の時代

高度経済成長期の一九六〇年代になると、太平洋岸に製鉄所や石油化学コンビナートが生まれ、重化学工業地帯が出現して産業と人口が著しく集中、農村部から大都市圏に大規模な人口移動が生じ、農村は大きく変貌した。

それとともに四日市ぜんそくの公害問題がおき、六五年に第二水俣病（新潟水俣病）と称された阿賀野川流域での水銀汚染による公害病、七〇年には光化学スモッグが東京で初めて確認され、静岡の田子の浦港でのヘドロ公害がおき、さらに富山県ではカドミウム汚染によるイタイイタイ病がはっきりするなど、次々に公害問題がおきた。

昭和四十二年（一九六七）に公害対策基本法が成立し、その四年後に環境庁が発足したが、この環境の語は、四方の境、周囲の境界というほどの意味であったのが、二十世紀に入ってから今に繋がる意味で使われはじめ、ひろく問題になってくるのがこの一九六〇年代であって、自然環境、国際環境、経済環境など諸々の環境に関わる問題が生まれてきた。

時代は文明、経済の時代を経て環境の時代に入ったのである。それを象徴するのが一九六八年におきた「大学紛争」である。かつて一九六〇年におきた安保闘争では「民主主義の擁護」をスローガンに高揚したが、今回は質を異にしていた。当初は大学の民主化を求めていたのが、やがて大学をめぐる環境、学問の環境が争点になり、高校生にも広がってゆき、教育の環境が争点になった。

これ以後、中東戦争を引き金に石油が高騰して石油危機、アメリカ自動車の輸出規制と農産物の輸入自由化を求めての日米貿易摩擦、地価や株価の投機的高騰によるバブル経済とその崩壊、東西世界の冷戦の終結、そして地球規模の温暖化など、次々、いずれも環境と関わって起きた。

学校をめぐっても、環境に優しい建築が求められるいっぽうで、一九七〇年代後半から八〇年代前半にかけて「校内暴力」が、九〇年代後半から「学級崩壊」の問題がおきるなど、これらも環境が大きく関わっていた。

コロナ禍の「社会」

そうしたなか二〇一一年に東日本大震災が起きて、地域社会の再建が課題となって「絆」が求められ、この頃から人口減少による農村の過疎化が急速に進行、都市にあっても中心部の空洞化が始まり、学校の統廃合が続き、社会現象として「いじめ」が広がるなど、地域社会のまとまりが変化をきたして社会問題化した。

かつて一億総中流と称されていたのが、富裕層と貧困層とに分化する格差社会が顕著になり、ここに今の新型コロナの流行があって、ソーシャル・ディスタンスの確保、「三密」「会食」の回避などが求められ、会社業務のテレワーク、諸会議や学校授業がオンラインで行なわれ、会社や学校の仲間、家族の在り方が大きな問題になっている。

今まで気にもとめなかった人々の会合の在り方や、人の流れが浮かび上がってきたのであり、これら一連の動きを一言で表現すれば「社会」といえよう。時代のキーワードは環境のその先の「社会」と捉えるべきである。

この社会の語も明治期後半に英語のソサエティーの訳語で、仲間や集まりを意味していたそれまでの語を訳語にあてたことにより、英語のソサエティーとコミュニティーの二つを意味するようになった。そうした意味の「社会」がこれまでなかったわけではなく、古代社会や中世社会といった形で使用されてきた。

それが現代においてはっきり見えてきたのは、「社会」が可視化されてきたためである。かつて文明の時代からその先に経済の時代があったように、今後は環境の時代のその先は「社会」の時代となり、社会に関わる諸問題が以後、次々に生じてくるに違いない。

社会システムは大きく変わらざるを得なくなり、政治には社会政策が求められ、経済や文化も社会との関わりが大問題になってこよう。学校についていえば、オンライン授業が求められただけに社会との関係で、新たな問題が生じてこよう。

この動きに対しては、かつて学校を起点に学校改革を進め、近代的世界を形成してきたように、学校の改革を通じて社会の改革へと立ち向かってゆかねばなるまい。いかに学校に仲間が集まって学び、話し合い、運動し、遊ぶかを工夫しなければならない。いじめの問題を克服し、学校を核とした地域社会の結束を生み出す必要がある。

かつて村の世界を担ったのは、村の祭や芝居を開いた若者組であったように、若者を中心にした地域社会を再生しなければならない。「社会」における学校の果たす役割は大きい。

おわりに

学校史の展開を見てきたが、天保期から私塾や寺子屋が激増し、藩校の改革が進んで、儒学のみならず洋学・医学などを科目に取り入れるようになり、この時期から日本は近代に入ったといえよう。今につながる町や村、教育の在り方もこの時期から明確に認められる。

かつて近代化の論争があったが、いつから近代になったのかは論議されることなく、「近代化」の過程やその遅れについての議論が集中し、いかに近代化を進めるかが大きな論点となっていた。日本史学では明治維新以後を近代とする見方が定着、その前提として幕末期の政治や経済が研究されてきた。本書で見てきた「文明」の時期を近代とし、近代化の過程が研究されてきた。

文明としての「明治」については、中村草田男の「降る雪や　明治は遠くなりにけり」の俳句が思い起こされる。時は昭和六年（一九三一）の「経済」の時代、東京青山の青南小学校を訪れた草田男が、懐かしくも「明治」の時代を想いつつ詠んだのである。草田男はその頃、年齢は三十代前半で、明治期にはまだ幼かったが、それだけに記憶として思い浮かべるところとなり、詠んだとみられる。

その明治の香りから、経済の時代になってからは、学問や学校に関わる論争や事件も幾つか生まれた。早くは明治四十四年（一九一一）の南北朝正閏問題であって、国定教科書の「尋常小学日本歴史」の記述が南北朝並立説であるとの批判が出され、教科書作成者の喜田貞吉が辞任、南朝正統説が採用された。

続いて大学の自治、学問の自由に関わる森戸辰男事件、美濃部達吉の天皇機関説問題などがおき、さらにマルクス主義に関わる講座派と労農派による資本主義論争も起きたが、これは明らかに経済の時代に対応するものであり、そして戦後の近代化の論争へと至る。

だが、いつしか近代化について論じることはなくなり、ポスト近代が論議されるようになって、その後は、論争らしい論争がなくなって、論壇という言葉も死語になってしまった。このことは本書で見てきたような、文明から環境へと時代が変化してきたことに関わるのであろう。

その点をよく物語るのが、戦後民主主義のオピニオンリーダーともいわれる政治学者の丸山眞男が、一九六八年におきた「大学紛争」において全共闘の学生から糾弾され、論壇から退くとともに、福沢諭吉の『文明論之概略』を読み解くようになったことである。丸山は近代イコール文明の時代の研究者であった。

本書が「学校史に見る日本」と銘打ったのは、学校史から見てゆくと、日本史の流れがよく理解できるからであり、近代の歴史の動きについて、これまでにはなかった捉え方、見方を提示できたかと思う。おそらく今後は、本書が提示した方向から、日本社会の動きを理解するようになるであろう。

最後になったが、本書出版の労をとられたみすず書房の石神純子氏に感謝したい。

参考文献

川瀬一馬『足利学校の研究』講談社　一九四八年
　足利学校に関する基本的研究
橋本義彦『藤原頼長』吉川弘文館　一九六四年
石川謙『日本学校史の研究』日本図書センター　一九七七年（一九六〇年版の復刊）
石川松太郎『藩校と寺子屋』教育社　一九七八年
津田秀夫『近世民衆教育運動の展開』御茶の水書房　一九七八年
村上直「近世・増上寺領における『女学校発起之趣意書』について」『法政史学』三十号　一九七八年
R・ルビンジャー『私塾』石附実・海原徹訳　サイマル出版会　一九八二年
海原徹『近世私塾の研究』思文閣出版　一九八三年
　私塾については本研究に基本的による
津田勇編『藩校・塾・寺子屋』神奈川県政地方記者会　一九九〇年
柏瀬純一「近世後期における足利学校について」二〇〇〇年　平成十一年度上越教育大学修士論文

沖田行司『日本人をつくった教育』大巧社　二〇〇〇年
深谷克己『津藩』吉川弘文館　二〇〇二年
上野淳『学校建築ルネサンス』鹿島出版会　二〇〇八年
石崎康子「ミッション・スクールの創設」「広がる学校教育」財団法人横浜市ふるさと歴史財団編
『横浜　歴史と文化』二〇〇九年　有隣堂
五味文彦『日本の中世を歩く』岩波書店　二〇〇九年
倉澤昭壽『近世足利学校の歴史』足利市　二〇一一年
五味文彦『文学で読む日本の歴史〈近代的世界篇〉』山川出版社　二〇二〇年
中野正堂『近江商人の魂を育てた寺子屋』法藏館　二〇二〇年
川本愼自『中世禅宗の儒学学習と科学知識』思文閣出版　二〇二一年

＊

『国史大辞典』（全十五巻）吉川弘文館　一九七九—九七年
笠井助治氏の『近世藩校の綜合的研究』（吉川弘文館、一九六〇年）などの研究成果に基づいており、藩校については多くをよっている
『足利学校』［展示会図録］足利市教育委員会　二〇〇四年
『廣瀬淡窓と咸宜園』日田市教育委員会　二〇一三年
『「学びの原郷閑谷学校」報告書』備前市教育委員会　二〇一五年

『図説　咸宜園』咸宜園教育研究センター監修　日田市教育委員会　二〇一七年
『水戸市歴史的風致維持向上計画（第2期）』水戸市教育委員会事務局教育部歴史文化財課編　水戸市教育委員会　二〇一九年

人名索引

学校名索引

さ

な

は

著者略歴

（ごみ・ふみひこ）

東京大学名誉教授．放送大学名誉教授．公益財団法人横浜市ふるさと歴史財団理事長．1946年，山梨県に生まれる．東京大学文学部国史学科卒業．同大学大学院人文科学研究科修士課程修了．文学博士．専門は日本中世史．著書に，『院政期社会の研究』（山川出版社，1984），『平家物語，史と説話』（平凡社，1987），『中世のことばと絵』（中公新書，1990，サントリー学芸賞受賞），『武士と文士の中世史』（東京大学出版会，1992），『書物の中世史』（みすず書房，2003），『躍動する中世』（小学館，2008），『日本の中世を歩く』（岩波新書，2009），『文学で読む日本の歴史』全5巻（山川出版社，2015-20）ほか多数．

五味文彦
学校史に見る日本
足利学校・寺子屋・私塾から現代まで

2021年12月1日 第1刷発行

発行所 株式会社 みすず書房
〒113-0033 東京都文京区本郷2丁目20-7
電話 03-3814-0131(営業) 03-3815-9181(編集)
www.msz.co.jp

本文組版 キャップス
本文印刷所 萩原印刷
扉・表紙・カバー印刷所 リヒトプランニング
製本所 誠製本
装丁 安藤剛史

Printed in Japan
ISBN 978-4-622-09064-9
[がっこうしにみるにほん]